MW01380291

TAROT

Oráculo y consejos para cada día

Hajo Banzhaf

TAROT

Oráculo y consejos para cada día

EDAF

LA TABLA DE ESMERALDA

MADRID - MÉXICO - BUENOS AIRES - SAN JUAN - SANTIAGO
2004

Título original: TAROT. Weisheiten für jeden Tag

© 2003. Hajo Banzhaf
© 2004. De la traducción: Mónica Scholz
© 1971. De las imágenes del Tarot Rider-Waite U.S. Games Systems, Inc., Stanford, CT 06902, USA. Las imágenes del Tarot de Marsella de las páginas 13 y 16 por cortesía de AG Müller, Neuhausen am Rheinfall.
© 2004. De esta edición, Editorial EDAF, S. A.

Concepto, maquetación y portada: Privatakademie Leonardo. Hamburgo.

Editorial Edaf, S. A.
Jorge Juan, 30. 28001 Madrid
http://www.edaf.net
edafmorales@edaf.net

Edaf y Morales, S. A.
Oriente, 180, n.º 279. Colonia Moctezuma, 2da. Sec.
C.P. 15530 México D.F.
http://www.edaf-y-morales.com.mx
edaf@edaf-y-morales.com.mx

Edaf del Plata, S. A.
Chile, 2222
1227 Buenos Aires, Argentina
edafdelplata@edaf.net

Edaf Antillas, Inc., S. A.
Avda. J. T. Piñero, 1594
Caparra Terrace
San Juan, Puerto Rico (00921-1413)
edafantillas@edaf.net

Edaf Chile, S.A.
Huérfanos, 1178 - Of. 506
Santiago - Chile
edafchile@edaf.net

Junio 2004

I.S.B.N.: 84-414-1472-6
Depósito legal: M-26.044-2004

PRINTED IN SPAIN   IMPRESO EN ESPAÑA

Gráficas Cofás, S. A. – Pol. Prado de Regordoño, Móstoles (Madrid)

Dale a cada día la oportunidad de convertirse en el mejor de tu vida.

Mark Twain

ÍNDICE

	Págs.
El oráculo del Tarot	11
Cómo encontrar una respuesta a través de este libro	17
Los Arcanos Mayores	24
Los Arcanos Menores	68
Los Bastos	68
Las Espadas	96
Las Copas	124
Los Oros	152
¿Hasta qué punto es fiable el consejo que nos dan las cartas del Tarot?	181
El autor	185

El oráculo del Tarot

LAS personas amamos los oráculos. Desde tiempos remotos tratamos de profundizar en sus respuestas veladas, con el fin de obtener información acerca de nuestro presente y, por supuesto, de lo que nos deparará el futuro. En todas las culturas existe una gran variación en lo que se refiere a los sistemas de oráculo. Algunos han tenido su origen incluso en juegos, pues hay algo que ambos tienen en común: el resultado no debe ser previsible, debe depender totalmente de la casualidad. Es precisamente allí donde radica el encanto de los juegos de azar, como también la emoción y expectación que despiertan los oráculos en los que intervienen dados, monedas o cartas.

Los orígenes de las cartas de Tarot son totalmente desconocidos. Un sinfín de misteriosas historias y leyendas se tejen alrededor de su procedencia. Algunas personas piensan que son originarias de la India o de Egipto, otras sugieren que su origen se remonta a Marruecos y, muy frecuentemente, se dice que fueron los gitanos los que las introdujeron en Europa. Pero la realidad es que no existen huellas o legados que certifiquen su auténtico origen.

Las cartas más antiguas que hoy se conocen y que se corresponden en composición y estructura con el Tarot actual proceden del siglo XV.

Se trata de unas cartas de gran belleza que fueron pintadas a mano para los duques de Milán y que recibieron el nombre de sus propietarios denominándose *Tarot de Visconti-Sforza,* aunque en aquella época el término Tarot resultara aún desconocido. Las cartas se denominaban sencillamente *I Trionfi* o también *Juego de los triunfos.* Fue 100 años más tarde cuando surgió la palabra italiana *Tarocco,* de la que se derivó posteriormente el vocablo alemán *Tarock,* al igual que la palabra francesa *Tarot,* que es precisamente con la que se designa el oráculo actual de cartas, mientras que en algunas regiones se continúa jugando a unas cartas que reciben el nombre de «hojas de Tarock». Pero la verdadera procedencia del término Tarot y de su significado continúa siendo una incógnita. Existe una creencia que recobra bastante fuerza, según la cual durante mucho tiempo estas cartas se difundieron ampliamente como cartas de juego y que su carácter esotérico, su potencial para ser consultadas como oráculo, fue descubierto en el siglo XVIII en París por Antoine Court de Gébelin.

Desde ese momento el interés por el Tarot ha ido en aumento y hoy en día son múltiples las variaciones que de él han surgido. El Tarot que se considera más clásico es el *Tarot de Marsella*, del cual se conocen *diferentes* variantes. Este nombre le fue asignado debido a que originariamente estas cartas fueron confeccionadas en Marsella. Pero la verdad es que en la actualidad son otras las representaciones del Tarot más popula-

El Ermitaño

En el Tarot Visconti-Sforza

En el Tarot de Marsella

En el Tarot Rider-Waite

En el Tarot Crowley

res y conocidas; la más popular es sin duda alguna la de Arthur Edward Waite y Pamela Colman Smith, que fue publicada por primera vez por la editorial William Rider and Son en el año 1909/10 y que hoy es mundialmente conocida como el *Tarot Rider-Waite* y que ocupa el número uno en el *ranking* de los Tarots.

Muchas de las numerosas reestructuraciones que se han ido realizando desde los años 80 del siglo xx han sido recogidas en este Tarot. No obstante, existen representaciones totalmente innovadoras y modernas de las cartas del Tarot, como es el caso del Tarot de Aleister Crowley y de Frieda Harris, aparecidos en el año 1944.

Con todos estos diferentes tipos de cartas de Tarot es posible echar las cartas. No existe tirada alguna que no se adecue a un determinado Tarot o que nos proporcione respuestas mejores, peores, más precisas o imprecisas, o fiables que otro. Para entender bien la respuesta que nos dan las cartas, es muy importante dedicarle tiempo a cada una de las diferentes representaciones. Pues resulta obvio que la misma carta en los diferentes tipos de Tarots no adquiere automáticamente un significado idéntico. ¿Por qué, si no, esa misma carta vendría representada de tantas formas diferentes? Entre algunos Tarots existen grandes diferencias en lo que se refiere a su significado, sin que por ello el significado de uno sea el correcto y el del otro el equivocado; pues se puede decir que cada tirada de Tarot bien hecha resulta en sí acertada, resumida y concluyente.

Un juego de Tarot está compuesto por 78 cartas que se pueden dividir en dos grupos principales. Un grupo de 22 cartas llamadas también cartas de Triunfo o los *Arcanos Mayores*, lo que significa igualmente los grandes misterios. Constituyen el corazón del Tarot, y cuando se dice que el Tarot es un libro sabio que procede de épocas antiguas, uno se está refiriendo a estas 22 cartas. Una vez que aprendemos a leer e interpretar su simbología, sus imágenes y su estructura nos proporcionan puntos de vista extraordinariamente valiosos para nuestra existencia humana y para los principales arquetipos y etapas que rigen el camino de nuestra vida[1].

Las restantes 56 cartas reciben el nombre de *Arcanos Menores*, es decir, los pequeños misterios. Se corresponden en composición y estructura a nuestros actuales juegos de naipes. También ellas constan de cuatro colores o palos, pero en lugar de tréboles, picas, corazones y diamantes, aquí nos encontramos con bastos, espadas, copas y oros; símbolos que equivaldrían a los estratos sociales de la Edad Media. Las espadas hacen referencia a los caballeros, las copas al clero, los oros a los comerciantes y los bastos al pueblo llano. Cada uno de estos «colores» o «palo» se com-

---

[1] Véase la obra de Hajo Banzhaf que lleva por título *El Tarot y el viaje del héroe*, Edaf, 2002.

pone a su vez de 14 cartas, de las cuales 10 son cartas numeradas que van del As al Diez, así como de 4 cartas que representan una figura y que son: el Rey, la Reina, el Caballo y la Sota. Estas cartas no denotan hoy en día ni han denotado en época alguna una representación gráfica demasiado expresiva. Este hecho cambió con la aparición del *Tarot Rider-Waite*, en el que por primera vez los Arcanos Menores venían ilustrados, ilustraciones que nos permiten deducir el significado de cada carta. Sin duda alguna, aquí radica la explicación de por qué estas cartas han resultado siempre tan populares y son además la base fundamental de este libro.

7 de Trébol del juego de naipes

Siete de Bastos en el Tarot de Marsella

Siete de Bastos en el Tarot Rider-Waite

Cómo encontrar una respuesta a través de este libro

Las 78 cartas de Tarot son descritas en este libro y su lenguaje ilustrativo es traducido de tal manera que es posible que nos respondan de una forma directa a muchas preguntas o que incluso nos proporcionen consejos prácticos y útiles.

Si uno está pensando en echarse las cartas, la cuestión fundamental es sin duda alguna la pregunta que uno se plantee. Fiel a su experiencia, el Tarot contesta siempre según esté planteada la pregunta: pregunta clara-respuesta clara, ninguna pregunta-ninguna respuesta, pregunta seria-respuesta seria, pregunta tonta-respuesta tonta, y si la pregunta se planteó de forma imprecisa, la respuesta será naturalmente así de imprecisa.

Una pregunta impregnada de deseos que esperamos se vayan a cumplir nos puede conducir a una respuesta que refleje esos deseos concreto, pero que no haga referencia a su futuro desarrollo.

Si usted desea preguntar a las cartas, piense bien qué es lo que verdaderamente quiere saber y busque a continuación en el siguiente resumen el símbolo que más se ajuste a lo que usted busca. En el caso de determinadas preguntas, es posible que se puedan tener en cuenta varios símbolos que, finalmente, dependerán de la carta extraída.

LA CARTA *pregunta como imagen de meditación*
Las cartas del Tarot verdaderamente nos pueden conducir a pensar, a meditar. Si a usted le da la sensación de que ha llegado a un punto muerto y va en busca de un importante conocimiento, bajo este símbolo hallará la pista correcta.

LA CARTA *aconseja en cuestiones del corazón*
Un buen consejo en temas sentimentales lo hallará siempre al lado del símbolo del corazón.

LA CARTA *predice echando un vistazo al futuro*
Si usted no se ha planteado una pregunta concreta, bajo este símbolo encontrará una perspectiva general de su posible futuro. En caso contrario le ayudará en ese tema que ocupa sus pensamientos en el momento de plantearse la pregunta.

En el caso de que usted atraviese una crisis **LA CARTA** *le aconseja*
Aquí encontrará consejos prácticos para solucionar sus problemas y para recobrar de nuevo sus fuerzas.

Si usted hoy no sabe lo que debe hacer, **LA CARTA** *le propone*
... cómo sacar provecho de este día de la mejor manera posible.

Como afirmación **LA CARTA** *lo anima*
Cuando le falte la confianza, el valor, o cuando simplemente no albergue buenos pensamientos, tome una de las frases que encuentre bajo este símbolo y se animará. Repítala una y otra vez —en voz alta o en silencio—, escríbala en un papel, que colgará detrás de su espejo, o lleve la carta correspondiente consigo para recordar continuamente su mensaje.

En cuanto tenga claro el planteamiento de su pregunta, puede comenzar con la «tirada» de cartas. Si tiene un juego de cartas a mano, barájelas, forme un abanico con ellas teniendo en cuenta que estén colocadas boca abajo y extraiga espontáneamente una carta con la mano izquierda. La respuesta que le va a dar la carta podrá consultarla en este libro. Si, por el contrario, no dispone de un juego de naipes, existen diferentes métodos de utilizar este libro:

a) Utilícelo como libro de azar, abriendo de forma espontánea sus páginas y leyendo su respuesta en esa carta que ha elegido al azar.

b) Como oráculo de mano. En este caso es importante que elija primeramente el dedo «correcto», aquel que se adapta mejor a su pregunta. En quiromancia, el arte de leer las manos, los dedos tienen los siguientes significados:

Dedo índice = dedo de Júpiter
(Éxito, crecimiento, suerte) = preguntas generales

Dedo corazón = dedo de Saturno
(Obligación, deber y responsabilidad) = preguntas relacionadas con el trabajo

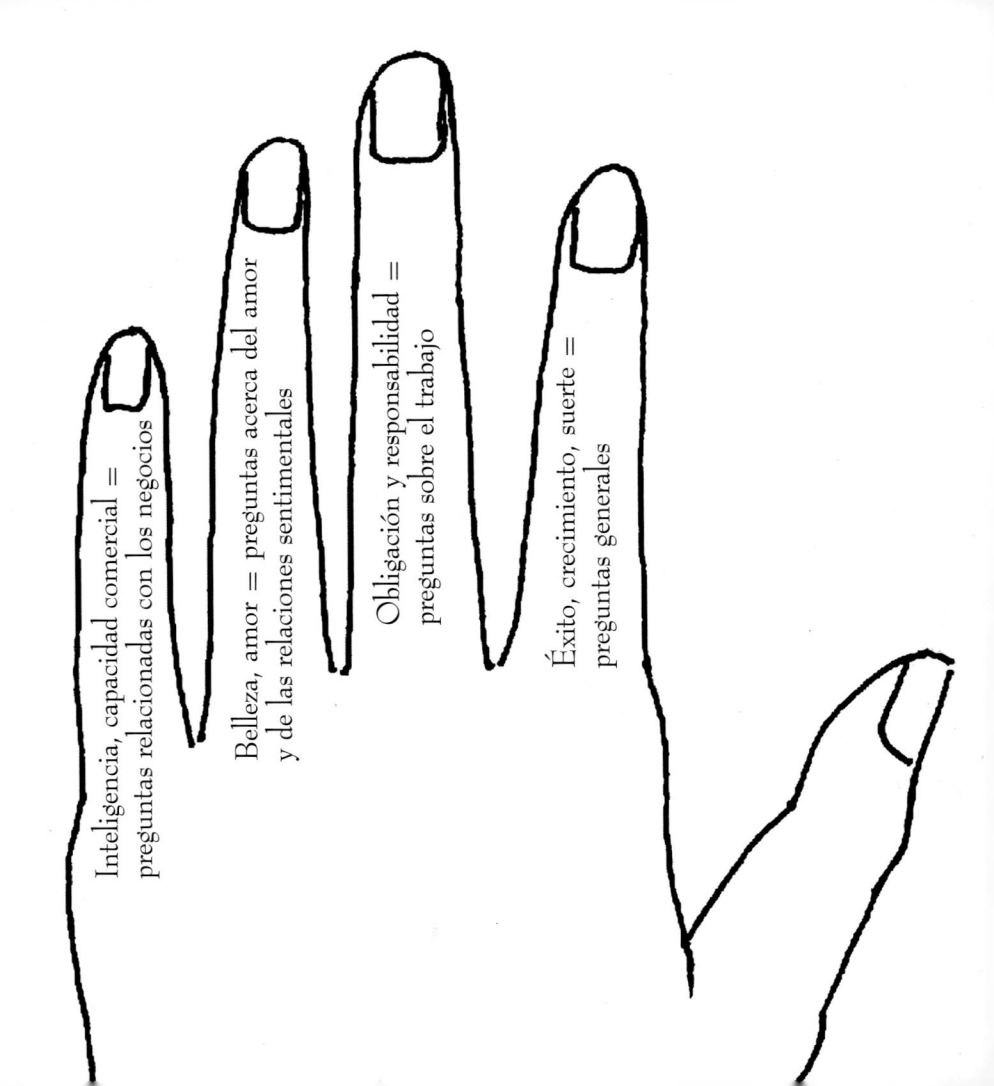

Dedo anular = dedo de Apolo
(Belleza, amor) = preguntas acerca del amor y de las relaciones sentimentales

Dedo meñique = dedo de Mercurio
(Inteligencia, espíritu comercial) = preguntas relacionadas con los negocios

Cierre los ojos y deje que su mano izquierda recorra la siguiente página, mientras piensa en su pregunta. Cuando su mano se pare intuitivamente, abra los ojos y mire qué número está señalando la punta del dedo que usted ha elegido. Ese número le indicará la página que le va a dar la respuesta a su pregunta. Si su dedo apunta hacia dos números, eso significa que encontrará la respuesta principal a su cuestión en la página con el número que su dedo estuviera cubriendo mayormente, mientras que el segundo número tocado le proporcionará una información adicional. En el caso de que su dedo no apunte hacia ningún número, piense de nuevo en su pregunta e inicie de nuevo el recorrido con su mano.

98 170 96 164
138 48 42 144 82
76 118 120 58 124
148 20 160 26 174 78
74 46 110 70 162 60 54
102 100 90 50 142 22 32
88 36 56 62 34 150 80 152
114 28 68 112 30 72 156
154 136 140 116
108 126 166 94 106
104 84 130 52
172 168 92 122 44 40
158 146 66 132 134 86
24 128

EL LOCO

EL LOCO

Aquel que no tiene una meta concreta
no puede errar su camino.

Anónimo

FRANQUEZA

EL LOCO *pregunta como imagen de meditación*
¿Cuándo actué por última vez de forma totalmente despreocupada y de todo corazón? ¿Cuál es mi grado de curiosidad y de ganas de experimentar?

EL LOCO *aconseja en cuestiones del corazón*
Asuma lo que le depara el futuro más próximo con total despreocupación. Quizá le traiga un nuevo comienzo, quizá no sea tan importante. Lo principal es que usted se lo pase bien.

EL LOCO *predice echando un vistazo al futuro*
Todo está abierto, quizá resulte hasta caótico. Puede ocurrir también que usted deba empezar desde cero. Pero no se preocupe. Continúe su camino tranquilamente.

En el caso de que usted atraviese una crisis, EL LOCO *le aconseja*
Olvide todos lo métodos garantizados y los consejos bienintencionados. En cualquier caso, le pueden servir de ayuda su espíritu curioso y una buena dosis de espontaneidad. Va a encontrar la solución a sus problemas de forma totalmente fortuita.

Si usted hoy no sabe lo que debe hacer, EL LOCO *le propone*
Hoy debe decidir el niño que hay en su interior. Confíe plenamente en él. No se trata en esta ocasión de que lo que usted haga sea importante, sino de que le divierta hacerlo y que ponga todo el corazón en ello.

Con esta afirmación EL LOCO *lo anima*
Una y otra vez la vida me sorprende con aquello que me regala. Soy un discípulo de la vida.

El Mago

El Mago

Siempre que el hombre es capaz de probar
su capacidad para hacer algo, su obra parece
más fácil de realizar.

Karlfried conde de Dürckheim

MAESTRÍA

EL MAGO *pregunta como imagen de meditación*
¿En qué tarea debo demostrar mi maestría?
¿En qué debo participar activamente y tomar la iniciativa?

EL MAGO *aconseja en cuestiones del corazón*
Reconozca que todo depende de su voluntad. Estructure su vida amorosa, tome la iniciativa.

EL MAGO *predice echando un vistazo al futuro*
Usted va a tener éxito, y aquello que hoy en día le supone un problema va a ser capaz de solucionarlo de forma hábil y decidida.

En el caso de que usted atraviese una crisis, EL MAGO *le aconseja*
Considere su problema como un deber que debe ser solucionado ahora. No espere más tiempo. Adopte un espíritu activo y no pare hasta conseguir sus propósitos.

Si usted hoy no sabe lo que debe hacer, EL MAGO *le propone*
Actúe con iniciativa. Atrévase a dar ese paso que hasta ahora le resultaba impensable. Los resultados pueden ser mejores de lo que usted espera. Quizá hasta consiga realizar una obra maestra.

Con esta afirmación, EL MAGO *lo anima*
Con la fuerza que me llega de arriba, soy capaz de estructurar mi vida de una manera sencilla y sabiendo lo que hago.
Desempeño mis deberes con maestría.

La Suma Sacerdotisa

LA SUMA SACERDOTISA

Vale la pena observar pacientemente aquello que acontece
calladamente en nuestra alma, y es que ahí tienen lugar la mayoría
y los mejores acontecimientos, siempre y cuando estos no sean
sometidos a una reglamentación procedente del exterior y de arriba.

Carl Gustav Jung

INTUICIÓN

La Suma Sacerdotisa *pregunta como imagen de meditación*
¿Estoy preparado para esperar y para dejarme guiar? ¿Hasta qué punto soy capaz de dejar que pasen las cosas sin intervenir?

La Suma Sacerdotisa *aconseja en cuestiones del corazón*
Espere. Tenga paciencia y no actúe hasta que su voz interior le indique claramente que ha llegado el momento oportuno de hacerlo.

La Suma Sacerdotisa *predice echando un vistazo al futuro*
No hace falta que usted haga nada. Deje sencillamente que las cosas pasen. Usted será guiado y puede confiar en su guía. Es su intuición la que le avisará cuándo deba usted actuar activamente.

En el caso de que usted atraviese una crisis, La Suma Sacerdotisa *le aconseja*
Intente entrar en contacto con el problema desde su interior y escuche lo que le tenga que decir. Usted será guiado paso a paso hacia la solución y podrá percibir claramente cuándo debe actuar.

Si usted hoy no sabe lo que debe hacer, La Suma Sacerdotisa *le propone*
Deje que el día siga su curso e intente no hacer nada hasta que sienta el impulso de actuar al que seguirá —quizá inconscientemente—. O tal vez le vendría bien contemplar un lago durante largo rato y esperar a que algo surja dentro de usted.

Con esta afirmación La Suma Sacerdotisa *lo anima*
Me dejo guiar. Confío en mi intuición. Acepto las cosas tal y como vienen.

LA EMPERATRIZ

La Emperatriz

*La ciencia toca a su fin en las fronteras de la lógica,
no así la naturaleza, que florece también ahí donde aún
no se ha hecho eco ninguna teoría.*

Carl Gustav Jung

VITALIDAD

LA EMPERATRIZ *pregunta como imagen de meditación*
¿Con qué grado de vitalidad vivo mi vida?
¿Vivo en consonancia con los ritmos y ciclos naturales?

LA EMPERATRIZ *aconseja en cuestiones del corazón*
No se coma el coco. Escuche la voz de la naturaleza y confíe en que su corazón está latiendo al ritmo correcto.

LA EMPERATRIZ *predice echando un vistazo al futuro*
Tiene ante sí un suelo fértil sobre el cual crecerán y madurarán sus deseos y planes.

En el caso de que usted atraviese una crisis LA EMPERATRIZ *le aconseja*
Siembre el suelo y confíe en que la vida le traerá por sí sola soluciones a sus problemas. ¿O quizá sea capaz de superar sus problemas por usted mismo?

Si usted hoy no sabe lo que debe hacer, LA EMPERATRIZ *le propone*
Visite la naturaleza. Disfrute del verde intenso, de los olores, del abanico de colores y de la plenitud que esta le ofrece. Aprenda a escuchar el canto de un pájaro, la corriente del agua de un río, el caer de la lluvia o viva y sienta intensamente el frío y la claridad del invierno.

Con esta afirmación, LA EMPERATRIZ *lo anima*
Me siento feliz y agradecido de sentirme tan vivo.
Confío en la sabiduría de la naturaleza.

El Emperador

El Emperador

La realidad es aquello que no desaparece,
incluso cuando dejamos de creer en ella.

Philip K. Dick

REALIZACIÓN

EL EMPERADOR *pregunta como imagen de meditación*
¿Soy tenaz y persistente a la hora de realizar mis deseos y mis planes?
¿Me muestro solícito al asumir una responsabilidad?

EL EMPERADOR *aconseja en cuestiones del corazón*
Sea consecuente, asuma la responsabilidad y reafirme aquello que ha conseguido.

EL EMPERADOR *predice echando un vistazo al futuro*
Ante usted se abre una etapa de su vida en la que va a ser capaz de llevar a cabo cosas que hasta ahora parecían impensables. Haga realidad sus deseos y asegure aquello que haya conseguido alcanzar.

En el caso de que usted atraviese una crisis, EL EMPERADOR *le aconseja*
Libérese de falsas ilusiones y de sueños inalcanzables. Concéntrese en aquello que es una realidad. Usted será capaz de encontrar una solución factible que podrá llevar a cabo paso a paso.

Si usted hoy no sabe lo que debe hacer, EL EMPERADOR *le propone*
Ponga orden en su vida o finalice algo que hasta ahora había ido posponiendo.

Con esta afirmación EL EMPERADOR *lo anima*
Yo actúo consecuentemente y me mantengo constante.

El Sumo Sacerdote

El Sumo Sacerdote

El optimista explica que vivimos en el mejor de todos
los mundos, y el pesimista teme que esto sea cierto.

James Branch Cabell

CONFIANZA EN DIOS

El Sumo Sacerdote *pregunta como imagen de meditación*
¿Qué valores son importantes en mi vida? ¿Cuál es mi imagen de Dios?
¿Acaso mis creencias tienen consecuencias en mi forma de actuar?

El Sumo Sacerdote *aconseja en cuestiones del corazón*
Muéstrese franco, sincero y actúe frente a los demás de forma confiada.
Haga algo sensato en favor de su amor. Crea en su relación.

El Sumo Sacerdote *predice echando un vistazo al futuro*
Muy pronto usted va a entender el sentido de lo que pasa. No se preocupe. Tiene usted muchas razones para confiar.

En el caso de que usted atraviese una crisis, El Sumo Sacerdote *le
aconseja*
No se concentre únicamente en lo que resulta obvio, sino en aquello
que se oculta en lo más recóndito. Entonces será cuando comprenda el
sentido de la crisis y encontrará una salida que podrá tomar lleno de
confianza.

Si usted hoy no sabe lo que debe hacer, El Sumo Sacerdote *le propone*
Haga algo que lo ponga en contacto con el sentido de la vida. Lea un
texto sagrado, un libro espiritual, escuche una música sacra, vaya a misa
o rece.

Con esta afirmación, El Sumo Sacerdote *lo anima*
Yo recorro mi camino con una sana confianza en Dios. Incluso cuando
no pueda nombrar su sentido, me siento guiado por él.

Los Amantes

LOS AMANTES

Resulta más fácil amar a todos que a uno solo.
El amor que prodigamos a la totalidad de la humanidad
tan solo cuesta una frase; el amor al prójimo requiere sacrificio.

Peter Rosegger

LA ELECCIÓN DEL CORAZÓN

LOS AMANTES *preguntan como imagen de meditación*
¿Hasta qué punto mi relación amorosa es profunda y comprometida?
¿Se puede decir que estoy al lado de una persona de corazón para lo
bueno y para lo malo o que la quiero «solo así» y que sea lo que Dios
quiera?

LOS AMANTES *aconsejan en cuestiones del corazón*
Tome ahora una decisión comprometida y hágalo de corazón.

LOS AMANTES *predicen echando un vistazo al futuro*
Usted se encuentra próximo a un encuentro o a punto de vivir otra
experiencia valiosa, a la que se debería de someter de todo corazón.

En el caso de que usted atraviese una crisis, LOS AMANTES *le aconsejan*
Con pensamientos fríos y críticos no llegará lejos, al igual que si muestra una tibia indecisión. Consulte a sus sentimientos y decídase por
aquel camino que pueda recorrer con sus cinco sentidos.

Si usted hoy no sabe lo que debe hacer, LOS AMANTES *le proponen*
Dedique el día al amor. Escriba un poema o una carta de amor —incluso a alguien desconocido al que está a punto de conocer y que quizá ya
lo ame a usted.

Con esta afirmación, LOS AMANTES *lo animan*
Me gusta tomar una decisión y lo hago de todo corazón.
A través de mi amor, embellezco aquello que me rodea.

El Carro

VII

El Carro

El valor no es la ausencia de miedo,
sino el reconocimiento de que existe algo más importante
que el miedo.

Ambrose Redmoon

LA FELIZ MARCHA

 EL CARRO *pregunta como imagen de meditación*
¿Cuáles son las metas que tengo en mente? ¿Qué contradicciones debo resolver para poder seguir adelante?

 EL CARRO *aconseja en cuestiones del corazón*
Supere sus conflictos y apunte hacia nuevas metas comunes.

 EL CARRO *predice echando un vistazo al futuro*
Las cosas marchan con fluidez hacia delante. Llegará felizmente a su meta y se divertirá en el camino.

 *En el caso de que usted atraviese una crisis,* EL CARRO *le aconseja*
No lo dude ni un momento más. Atrévase a dar el salto hacia delante. Intente mantener unido aquello que amenaza con disgregarse.

 *Si usted hoy no sabe lo que debe hacer,* EL CARRO *le propone*
No se duerma en los laureles. Muéstrese activo. Comience algo nuevo o salga al exterior: a pie, en bicicleta o en coche. O contemple una carrera.

 *Con esta afirmación,* EL CARRO *lo anima*
Hoy doy el pistoletazo de salida.
Emprendo la marcha y voy a alcanzar mi meta.

LA FUERZA

VIII

LA FUERZA

La fuerza no hace ningún ruido. Está ahí y actúa.

Albert Schweitzer

DESEO Y PASIÓN

La Fuerza *pregunta como imagen de meditación*
A mi vida no le puedo añadir más días, pero ¿cómo puedo dar más vida a mis días?
¿Conozco al león que hay en mí?

La Fuerza *aconseja en cuestiones del corazón*
Dé rienda suelta a su pasión y disfrute plenamente de sus momentos apasionados.

La Fuerza *predice echando un vistazo al futuro*
Tiene ante usted una etapa de su vida emocionante, que le hará sentir cómo la vida corre entre sus venas. Déjese embriagar por esta sensación y dispóngase a convertir en realidad todos sus planes lleno de brío y alegría.

En el caso de que usted atraviese una crisis, La Fuerza *le aconseja*
Comprométase con todas sus fuerzas y libere ese león interno que habita dentro de usted, enseñando incluso —si fuera necesario— las uñas. Entonces conseguirá superar ese problema o esa crisis.

Si usted hoy no sabe lo que debe hacer, La Fuerza *le propone*
Haga algo para favorecer su forma física, corra y desahóguese, siga sus instintos —o visite a los animales salvajes del zoológico.

Con esta afirmación, La Fuerza *lo anima*
La pasión y el deseo recorren todo mi cuerpo.
Amo al león que hay dentro de mí.

El Ermitaño

El Ermitaño

En el silencio dormitan la posible sabiduría
e inteligencia, al igual que lo hace la escultura
en el bloque de mármol virgen.

Aldous Huxley

SABIDURÍA

El Ermitaño *pregunta como imagen de meditación*
¿Cuándo fue la última vez que me he recogido en silencio con el fin de meditar y de encontrarme a mí mismo?

El Ermitaño *aconseja en cuestiones del corazón*
Independientemente de que viva solo o comparta su vida con una pareja: sea fiel a sí mismo. No se deje arrastrar a nada que no concuerde con sus principios.

El Ermitaño *predice echando un vistazo al futuro*
Aún necesita algo de tiempo para ver su camino con claridad. Cuando lo haga, actuará con la seriedad requerida.

En el caso de que usted atraviese una crisis, El Ermitaño *le aconseja*
Acuda a un recogimiento o a un claustro y permanezca ahí hasta que descubra qué es lo que realmente quiere. Después será capaz de actuar decididamente con una meta en su mente y de solucionar sus problemas.

Si usted hoy no sabe lo que debe hacer, El Ermitaño *le propone*
Sométase a un retiro. Permanezca en silencio y descubra lo que le revela ese silencio.

Con esta afirmación, El Ermitaño *lo anima*
Afino mi instrumento antes de que dé comienzo el concierto y comienzo el día con una meditación.
Me mantengo fiel a mí mismo.

La Rueda de la Fortuna

La Rueda de la Fortuna

Cuando se toman las decisiones importantes de nuestra vida,
no suenan las trompetas. Nuestra determinación
se da a conocer calladamente.

Agnes De Mille

LA DETERMINACIÓN

La Rueda de la Fortuna *pregunta como imagen de meditación*
Un reloj no debe andar deprisa, sino con precisión. ¿Hasta qué punto resulta mi vida «precisa»?

La Rueda de la Fortuna *aconseja en cuestiones del corazón*
Se podría tratar del amor de su vida. En cualquier caso, aún tiene que dar un importante paso. Si es capaz de darlo ahora de forma correcta, tendrá la suerte de su lado.

La Rueda de la Fortuna *predice echando un vistazo al futuro*
Usted está a punto de vivir una experiencia que supone una importante parte de la misión de su vida, incluso aunque no tenga esa apariencia. Saque provecho de ello.

En el caso de que usted atraviese una crisis, La Rueda de la Fortuna *le aconseja*
Tenga en cuenta que todo lleva su tiempo y, por ello, resulta importante hacer lo correcto en el momento oportuno. No pretenda hacer todo de golpe, pero tampoco deje nada inacabado. Ande su camino paso a paso.

Si usted hoy no sabe lo que debe hacer, La Rueda de la Fortuna *le propone*
Medite sobre aquello que la vida espera de usted y piense en aquello para lo que ha llegado el momento oportuno. Consulte para ello su horóscopo, el *I Ching* o échese las cartas del Tarot.

Con esta afirmación, La Rueda de la Fortuna *lo anima*
Yo hago todo a su debido tiempo. Me dejo guiar por mi determinación.

LA JUSTICIA

LA JUSTICIA

No solamente somos responsables de lo que hacemos,
sino también de lo que no hacemos.

Molière

RESPONSABILIDAD SOBRE UNO MISMO

La Justicia *pregunta como imagen de meditación*
¿Soy realmente consciente de que todo lo que vivo es el eco de mis pensamientos, de mis sentimientos y de mis actos?

La Justicia *aconseja en cuestiones del corazón*
Considere su vida amorosa como el reflejo de su actitud interna. Sea justo en sus juicios y tome una decisión responsable.

La Justicia *predice echando un vistazo al futuro*
La responsabilidad de lo que se le avecina reside totalmente en usted. Va a ser tratado de forma justa. Usted al final va a recoger lo que ha sembrado.

En el caso de que usted atraviese una crisis, La Justicia *le aconseja*
No eche la culpa a los demás y no espere de ellos que le proporcionen soluciones. Si usted admite su responsabilidad, será capaz muy pronto de lidiar esa crisis.

Si usted hoy no sabe lo que debe hacer, La Justicia *le propone*
Es la hora de poner en orden conflictos que no ha podido solucionar o que había dado por perdidos. Asuma su responsabilidad y busque un diálogo esclarecedor.

Con esta afirmación, La Justicia *lo anima*
Yo soy responsable de mi propia vida.
Tomo mis decisiones de forma meditada y justa.

El Colgado

EL COLGADO

La gran culpa del ser humano es que
en cualquier momento tiene la capacidad
de dar la vuelta a las cosas y que no lo hace.

Martin Buber

EL SACRIFICIO

EL COLGADO *pregunta como imagen de meditación*
¿A qué tipo de retroceso me va a conducir mi crisis?
¿Qué tipo de sacrificio debo hacer?

EL COLGADO *aconseja en cuestiones del corazón*
Usted se encuentra ante un dilema o se encamina directamente hacia una situación de crisis. Sacrifique una esperanza o una actitud que haya adoptado hasta ahora con el fin de poder seguir adelante y de no quedarse estancado.

EL COLGADO *predice echando un vistazo al futuro*
Se encuentra atrapado en una situación crítica que pretende hacerle retroceder. Tenga en cuenta que usted está en una encrucijada y que será necesario revisar completamente algunos o incluso todos los puntos de vista que hasta ahora había defendido.

En el caso de que usted atraviese una crisis, EL COLGADO *le aconseja*
Aunque se encuentre con la soga hasta el cuello, no va a poder solucionar esta crisis de forma violenta, sino que deberá hacer acopio de mucha paciencia, retractarse y abandonar determinadas ilusiones e ideas que tenía hasta ahora.

Si usted hoy no sabe lo que debe hacer, EL COLGADO *le propone*
Realice ejercicios de yoga o simplemente intente hacer el pino sobre la cabeza con el fin de ver por un día el mundo al revés. O quizá deba hacer hoy un auténtico sacrificio.

Con esta afirmación, EL COLGADO *lo anima*
Yo me crezco en las profundidades. Veo todo con diferentes ojos. Me doy la vuelta y retrocedo.

La Muerte

LA MUERTE

En el momento de nacer, lloraste y la humanidad se alegró.
Vive de tal forma que, cuando tú mueras,
el mundo te llore y tú te alegres.

Sabiduría india

LA DESPEDIDA

La Muerte *pregunta como imagen de meditación*
¿No resulta mucho más difícil entender que yo soy a que yo deje de ser?
¿Qué se ha echado a perder en mi vida?

La Muerte *aconseja en cuestiones del corazón*
Ha llegado el momento de decir adiós. Libérese. Solamente con las manos abiertas podrá tomar de nuevo agua fresca.

La Muerte *predice echando un vistazo al futuro*
Un determinado desarrollo se ha malogrado y va a llegar a su fin. Asuma este hecho con resignación y confíe en que este es el momento oportuno de liberarse de ello.

En el caso de que usted atraviese una crisis, La Muerte *le aconseja*
Tal vez actúe sobre papel mojado intentando salvar algo que ya no tiene salvación. Deje que algo termine para dar paso a algo nuevo.

Si usted hoy no sabe lo que debe hacer, La Muerte *le propone*
Finalice determinados asuntos que aún no estaban resueltos o que tenía todavía pendientes. Observe el carácter efímero de la naturaleza o de un paseo por el cementerio.

Con esta afirmación, La Muerte *lo anima*
Dejo lo viejo tras de mí.
Digo adiós y me abro a algo nuevo.

LA TEMPLANZA

LA TEMPLANZA

A diario el hombre se arregla el cabello.
¿Por qué no arregla también su corazón?

Sabiduría china

ARMONÍA

La Templanza *pregunta como imagen de meditación*
¿Qué es lo que una y otra vez me saca de quicio?
¿Cómo puedo encontrar la paz interior?

La Templanza *aconseja en cuestiones del corazón*
Compórtese de forma despreocupada, viva en armonía, sea conciliador y
disfrute con su pareja de los buenos momentos que pasan juntos.

La Templanza *predice echando un vistazo al futuro*
Usted va a encontrar la justa medida, el camino intermedio o un compromiso justo y será capaz de seguir con buen pie hacia delante.

En el caso de que usted atraviese una crisis, La Templanza *le aconseja*
Relájese. Intente alcanzar su estabilidad, quizá con ayuda de la meditación. A continuación va a ser capaz de resolver sus problemas de forma
tranquila y despreocupada.

Si usted hoy no sabe lo que debe hacer, La Templanza *le propone*
Viva hoy un día dedicado a su salud. Haga algo en favor de su bienestar
físico y espiritual para que al final del día se sienta satisfecho consigo
mismo.

Con esta afirmación, La Templanza *lo anima*
Aspiro a alcanzar el equilibrio, la sensatez y la profundidad.
Confío en mi ángel de la guarda.

El Diablo

EL DIABLO

Las tentaciones son como los vagabundos:
cuando se las trata bien, vuelven de nuevo
y además traen a otras consigo.

Mark Twain

ENREDO

El Diablo *pregunta como imagen de meditación*
¿Cuándo suelo perder la justa medida de las cosas? ¿Qué es aquello que una y otra vez me empuja a hacer algo que no quiero? ¿Qué búsqueda fallida es la causa de mis vicios? ¿En qué situaciones sospecho injustamente de los demás?

El Diablo *aconseja en cuestiones del corazón*
Si usted juega con fuego, debe tener muchísimo cuidado de no quemarse los dedos.

El Diablo *predice echando un vistazo al futuro*
Usted va a caer en la tentación. Tenga cuidado de no dejarse enredar, de perder la medida de las cosas o de hacer mal uso de sus influencias.

En el caso de que usted atraviese una crisis, **El Diablo** *le aconseja*
Caiga en la tentación. En este caso usted puede exagerar tranquilamente o llegar incluso a los extremos. Muestre su lado más oscuro. Pero sea consciente de hasta qué punto se ha dejado enredar y de qué ha pasado a depender.

Si usted hoy no sabe lo que debe hacer, **El Diablo** *le propone*
Haga algo prohibido, cometa alguna incorrección. O trate tal vez de imaginarse en su fantasía qué haría si fuese usted invisible. Quizá llegue a conocer de esta forma al diablillo que hay en usted.

Con esta afirmación, **El Diablo** *lo anima*
Sé que no soy inofensivo.
También tengo un lado oscuro.

LA TORRE

LA TORRE

Lo viejo se rompe, los tiempos cambian
y una vida nueva surge de entre las ruinas.

Friedrich Schiller

LA RUPTURA

La Torre *pregunta como imagen de meditación*
¿Qué blindaje debo dinamitar?
¿Qué parte «vendida» de mi alma quiere verse liberada?

La Torre *aconseja en cuestiones del corazón*
En el ambiente amenaza una tormenta. Libérese de ciertas limitaciones.
Supere rancios y regios principios, tire abajo las estructuras viejas y
caducas y las convicciones demasiado estrechas.

La Torre *predice echando un vistazo al futuro*
Cuente con conmociones y transformaciones, así como con posibles se-
paraciones o rupturas.

En el caso de que usted atraviese una crisis, La Torre *le aconseja*
Deje caer la bomba, rompa los moldes que estaban vigentes hasta ahora,
supere viejos prototipos, dimita.

Si usted hoy no sabe lo que debe hacer, La Torre *le propone*
Deje que estalle la bomba. Destruya, rompa, descomponga algo o corte
leña.

Con esta afirmación, La Torre *lo anima*
Me libero de mis cadenas.

La Estrella

LA ESTRELLA

Los ideales son como las estrellas.
No se pueden alcanzar, pero sí que nos pueden orientar.

Carl Schurz

FUTURO PROMETEDOR

La Estrella *pregunta como imagen de meditación*
Si contemplo la vida desde la perspectiva de un pájaro, ¿qué nuevos horizontes se abren ante mí?

La Estrella *aconseja en cuestiones del corazón*
Su corazón puede latir con más fuerza. Ante usted se abre un amplio futuro que le augura suerte y satisfacción.

La Estrella *predice echando un vistazo al futuro*
Una buena estrella lo conducirá a ver las cosas desde un punto de vista positivo, lo obsequiará con una nueva esperanza y con un futuro prometedor.

En el caso de que usted atraviese una crisis, La Estrella *le aconseja*
Reconozca que ante usted comienza un camino que lo conducirá a un nuevo futuro. Deje sus problemas a un lado y parta lleno de confianza hacia lo nuevo.

Si usted hoy no sabe lo que debe hacer, La Estrella *le propone*
Contemple el inmenso cielo estrellado. Camine hasta llegar a un punto que le permita echar un vistazo al amplio horizonte o estudie su horóscopo.

Con esta afirmación, La Estrella *lo anima*
Confío en mi visión de un futuro nuevo y maravilloso.
Sé que una buena estrella me guía en mi camino.

LA LUNA

LA LUNA

Durante el día resulta muy fácil ver las cosas
de forma fría y carente de sentimientos. Durante la noche
las cosas se ven de forma diferente.

Ernest Hemingway

OSCURIDAD

La Luna *pregunta como imagen de meditación*
¿Qué se oculta detrás de los profundos miedos que me acechan?
¿Qué mancha oscura está tapando mis metas?

La Luna *aconseja en cuestiones del corazón*
Usted se ha involucrado en una empresa arriesgada. Tenga cuidado, sea
prudente y no se someta a pruebas de valor o a aventuras de riesgo.

La Luna *predice echando un vistazo al futuro*
Ante usted se abre una etapa oscura en la que va a comportarse de forma
especialmente irritable. Emprenda su camino con mucha prudencia o
tome una nueva dirección.

En el caso de que usted atraviese una crisis, La Luna *le aconseja*
El miedo es un mal consejero. No se deje torturar por las pesadillas.
Encienda una luz en lugar de quejarse por la oscuridad.

Si usted hoy no sabe lo que debe hacer, La Luna *le propone*
Haga con extrema prudencia algo a lo que había tenido miedo hasta
ahora. No se sobrecargue en exceso en este cometido, pero tampoco tire
la toalla demasiado pronto.

Con esta afirmación, La Luna *lo anima*
Camino a través del umbral acompañado de mis miedos, porque detrás
de él me espera una gran experiencia.

EL SOL

EL SOL

Sin el polvo en el que se refleja, el rayo del sol
no sería visible.

André Gide

ALEGRÍA DE VIVIR

EL SOL *pregunta como imagen de meditación*
¿Me puedo alegrar espontánea y despreocupadamente por las cosas más sencillas?

EL SOL *aconseja en cuestiones del corazón*
¡Demuestre que tiene un gran corazón! Sea sencillo y franco, no se complique y mime a la persona amada.

EL SOL *predice echando un vistazo al futuro*
Alégrese de los momentos felices. Se sentirá muy pronto como si acabara de nacer y podrá andar su camino sin preocupación alguna.

En el caso de que usted atraviese una crisis, **EL SOL** *le aconseja*
Ante usted comienza un nuevo día. Confíe en que pronto se van a solucionar de forma sencilla sus problemas cuando usted esté preparado para ello.

Si usted hoy no sabe lo que debe hacer, **EL SOL** *le propone*
Juegue con niños o disfrute de los rayos del sol, pero en ningún caso haga hoy algo demasiado sensato.

Con esta afirmación, **EL SOL** *lo anima*
Amo la vida.
Estoy dispuesto a reconciliarme.

El Juicio

El Juicio

De ninguna oruga se sospecharía
que se iba a convertir en mariposa.

Buckminster Fuller

LA SOLUCIÓN MARAVILLOSA

EL JUICIO *pregunta como imagen de meditación*
¿De que me gustaría liberarme?
¿Qué tesoro tocaría desenterrar?

EL JUICIO *aconseja en cuestiones del corazón*
Alégrese. Está apunto de vivir una experiencia especialmente enriquecedora. Sin embargo, aún le queda besar a la rana para que esta se convierta en un príncipe.

EL JUICIO *predice echando un vistazo al futuro*
Va a obtener una solución maravillosa. Confíe en que las cosas van a cambiar a mejor o que algo que creía perdido va a surgir de nuevo.

En el caso de que usted atraviese una crisis, EL JUICIO *le aconseja*
Usted tiene suerte; quizá es que también la merezca. En cualquier caso, su problema se va a resolver solo.

Si usted hoy no sabe lo que debe hacer, EL JUICIO *le propone*
Escuche la sinfonía de la *Resurrección* de Gustav Mahler o lea un cuento en el que figuras encantadas sean liberadas de su encantamiento. Aunque quizá pueda también sorprender a alguien de su entorno proporcionándole la solución a sus problemas.

Con esta afirmación, EL JUICIO *lo anima*
Valoro también lo maravilloso de lo cotidiano.
Hallo la solución correcta.

El Mundo

Al final de nuestra búsqueda nos encontraremos de nuevo
en el punto de origen y nos parecerá contemplar
ese lugar como si de la primera vez se tratara.

T. S. Eliot

LA META

EL MUNDO *pregunta como imagen de meditación*
¿Qué lugar ocupo en este mundo?
¿Son mi comportamiento y mi postura correctos?

EL MUNDO *aconseja en cuestiones del corazón*
Se encuentra a pocos metros de alcanzar su meta. Aproveche el tiempo.
Ahora ha llegado el momento de ocupar el lugar que le corresponde y de
representarlo lo mejor posible.

EL MUNDO *predice echando un vistazo al futuro*
Comienza una etapa maravillosa de su vida en la que va a alcanzar una
meta muy importante. Usted se encontrará en el momento oportuno y
en el lugar correcto y su proceder será el más acertado.

En el caso de que usted atraviese una crisis, EL MUNDO *le aconseja*
Abra los ojos. En realidad casi ha alcanzado su meta, aunque quizá le
falta adoptar la perspectiva correcta para reconocer que esto es así.

Si usted hoy no sabe lo que debe hacer, EL MUNDO *le propone*
Recapacite sobre su vida y perciba cómo sus metas lo atraen como ima-
nes. Muévase, baile y sea consciente de su vitalidad.

Con esta afirmación, EL MUNDO *lo anima*
Estoy contento y agradecido por estar vivo.
Yo ocupo mi lugar.

As de Bastos

AS DE BASTOS

Y llegó el día en el que el riesgo de permanecer en el capullo
resultaba mucho más doloroso que el riesgo de florecer.

Anaïs Nin

OPORTUNIDAD EMOCIONANTE

EL AS DE BASTOS *pregunta como imagen de meditación*
¿Estoy realmente despierto y soy capaz de reconocer las oportunidades que me brinda la vida?
¿Hasta qué punto estoy dispuesto a arriesgarme para aprovechar mis oportunidades con el fin de desarrollarme?

EL AS DE BASTOS *aconseja en cuestiones del corazón*
Acepte el reto. Aproveche la oportunidad de vivir una experiencia excitante.

EL AS DE BASTOS *predice echando un vistazo al futuro*
Abra los ojos. Se le ofrece una ocasión que no debería dejar escapar.

En el caso de que usted atraviese una crisis, EL AS DE BASTOS *le aconseja*
Reconozca que dentro de su situación de crisis reside la oportunidad para que usted se crezca e intente resolver con nuevos ánimos esos viejos problemas que le preocupan.

Si usted hoy no sabe lo que debe hacer, EL AS DE BASTOS *le propone*
Espere a que se le presente una oportunidad emocionante. Arriesgue algo. Atrévase a hacer algo arriesgado y excitante.

Con esta afirmación, EL AS DE BASTOS *lo anima*
¿Por qué yo no? ¿Por qué no ahora?

El Dos de Bastos

También para dudar se necesita decisión.

Stanislaw Jerzy Lec

INDECISIÓN

EL DOS DE BASTOS *pregunta como imagen de meditación*
¿En qué situaciones me comporto de forma neutral, de tal manera que no llego a comprometerme y termino perdiendo el interés?

EL DOS DE BASTOS *aconseja en cuestiones del corazón*
Sea diplomático, pero no asuma compromisos. Deje abierta su capacidad de decidir.

EL DOS DE BASTOS *predice echando un vistazo al futuro*
En un principio no se va a decidir nada. En el mejor de los casos, todo el mundo se mostrará neutral y quizá se lleguen a dejar las cosas en tablas.

En el caso de que usted atraviese una crisis, EL DOS DE BASTOS *le aconseja*
Compórtese de forma neutral. A lo sumo, muestre la intención de hacer algo, pero no tome aún una decisión definitiva.

Si usted hoy no sabe lo que debe hacer, EL DOS DE BASTOS *le propone*
Deje hoy todas las oportunidades abiertas. Ejercite su indiferencia. Vea una película o una retransmisión deportiva, eso sí, sin tomar partido por nadie.

Con esta afirmación, EL DOS DE BASTOS *lo anima*
No es el mejor momento de tomar una decisión.
Yo me muestro neutral.

El Tres de Bastos

No se trata de predecir el futuro, sino de hacerlo posible.

Antoine de Saint-Exupéry

HORIZONTE DORADO

 EL TRES DE BASTOS *pregunta como imagen de meditación*
¿En qué ámbito de mi vida debería tener bien abiertos los ojos hacia el horizonte y alegrarme por aquello que me depara el futuro?

 EL TRES DE BASTOS *aconseja en cuestiones del corazón*
Eleve su ánimo y mire con total confianza hacia el futuro. Usted puede confiar en esa base saludable que lo está llevando.

 EL TRES DE BASTOS *predice echando un vistazo al futuro*
Muy pronto va a alcanzar una plataforma sólida que le va a permitir tener una perspectiva amplia de un futuro prometedor.

 *En el caso de que usted atraviese una crisis,* EL TRES DE BASTOS *le aconseja*
Sea consciente de todo aquello que ha alcanzado y de que las perspectivas que le ofrece el futuro son buenas. Quizá tan solo sea cuestión de dirigir su mirada hacia el horizonte.

 *Si usted hoy no sabe lo que debe hacer,* EL TRES DE BASTOS *le propone*
Haga una excursión a las montañas, escale una torre o busque otro punto de vista que le permita «inspirar» los aires de un horizonte amplio.

 *Con esta afirmación,* EL TRES DE BASTOS *lo anima*
Siento el suelo firme bajo mis pies. Dirijo mi mirada hacia ese horizonte dorado y me alegro por todo aquello que el futuro me depara.

EL CUATRO DE BASTOS

Sí es cierto que amamos la paz. Pero a lo que no estamos
dispuestos es a sufrir tantas heridas
en épocas de paz como durante la guerra.

John Andrew Holmes

PAZ Y ALEGRÍA

 El Cuatro de Bastos *pregunta como imagen de meditación*
¿Me siento bienvenido en este mundo?
¿Con qué frecuencia me abro a los demás y me muestro sociable?

 El Cuatro de Bastos *aconseja en cuestiones del corazón*
Sea cariñoso y muéstrese abierto. No hay nada que temer. Diríjase a su pareja y dele la bienvenida.

 El Cuatro de Bastos *predice echando un vistazo al futuro*
Le esperan tiempos pacíficos y tranquilos, en los que se sentirá seguro, celebrará en compañía de otras personas y disfrutará de la vida.

 *En el caso de que usted atraviese una crisis,* El Cuatro de Bastos *le aconseja*
Sea consciente de que usted tiene las espaldas cubiertas y que tiene razones suficientes para sentirse seguro. Ábrase y haga realidad un propósito o diríjase hacia una persona determinada.

 *Si usted hoy no sabe lo que debe hacer,* El Cuatro de Bastos *le propone*
Convierta este día en su «día de puertas abiertas» o de «barra libre» e invite a amigos, vecinos y familiares.

 *Con esta afirmación,* El Cuatro de Bastos *lo anima*
Me siento seguro y me dirijo abiertamente al mundo.

El Cinco de Bastos

Aprovecha las virtudes que te han sido dadas.
El bosque resultaría sumamente silencioso
si tan solo cantaran los pájaros que lo hacen bien.

Henry van Dyke

MEDIDA DE FUERZAS

El Cinco de Bastos *pregunta como imagen de meditación*
¿En qué situaciones temo la comparación y en qué momentos estoy dispuesto a demostrar lo que sé?

El Cinco de Bastos *aconseja en cuestiones del corazón*
Atrévase, permita que su pareja lo rete o mida sus fuerzas con ella.

El Cinco de Bastos *predice echando un vistazo al futuro*
A usted le espera una emocionante prueba de fuerzas que no va a poder eludir. Demuestre de lo que es usted capaz y ofrezca todo lo mejor de usted. Es más importante participar que ganar.

En el caso de que usted atraviese una crisis, El Cinco de Bastos *le aconseja*
Asuma su situación de crisis como la oportunidad de crecer, madurar y de no defraudar. Acepte el reto como una competición y muestre lo que lleva usted dentro.

Si usted hoy no sabe lo que debe hacer, El Cinco de Bastos *le propone*
Hoy resulta aconsejable el ejercicio físico. Andar, nadar, montar en bicicleta; da igual lo que usted haga si en ello pone su mayor empeño.

Con esta afirmación, El Cinco de Bastos *lo anima*
Acepto el reto.
Me estimula medir mis fuerzas con alguien.

El Seis de Bastos

Aquel que alcanza la victoria sobre otras personas es fuerte.
El que se vence a sí mismo es poderoso.

Lao Tse

VICTORIA

EL SEIS DE BASTOS *pregunta como imagen de meditación*
¿Puedo creer en una buena noticia o debo mostrarme más bien descon-
fiado? ¿Soy un triunfador?

EL SEIS DE BASTOS *aconseja en cuestiones del corazón*
Actúe de forma confiada, serena y muéstrese seguro de salir victorioso.
En el tema del amor le esperan tiempos muy buenos.

EL SEIS DE BASTOS *predice echando un vistazo al futuro*
Se abre ante usted un camino lleno de éxitos y triunfos. Cuente con que
le llegarán buenas noticias, cámbiese al carril de aceleración y diríjase
hacia el triunfo.

En el caso de que usted atraviese una crisis, EL SEIS DE BASTOS *le
aconseja*
Tiene usted ahora las mejores cartas para superar esta crisis. Espere la
llegada de buenas noticias y aproveche esta buena racha para asegurar su
victoria.

Si usted hoy no sabe lo que debe hacer, EL SEIS DE BASTOS *le propone*
Vea en televisión, en un campo deportivo o en una pista de atletismo
cómo son celebrados los triunfos y déjese contagiar por ese aire de victoria. ¿O tal vez sea este el momento en el que usted mismo sea capaz
de alzarse con algún triunfo?

Con esta afirmación, EL SEIS DE BASTOS *lo anima*
Lo voy a conseguir.
Creo en la victoria.

El Siete de Bastos

Aquel que quiera imponer su voluntad
deberá hablar en voz baja.

Jean Giraudoux

AFIRMACIÓN DE UNO MISMO

 EL SIETE DE BASTOS *pregunta como imagen de meditación*
¿Me encuentro de pie o sentado sobre mi punto de vista?
¿Soy consciente de las enemistades que van dirigidas en mi contra?

 EL SIETE DE BASTOS *aconseja en cuestiones del corazón*
Defiéndase a usted mismo y a su relación de forma valerosa y decidida
de los ataques externos que pueda sufrir.

 EL SIETE DE BASTOS *predice echando un vistazo al futuro*
Debe contar con la envidia, la rivalidad y con otros ataques de los que
será víctima. Pero si adopta una postura decidida, va a ser capaz de
enfrentarse triunfante a una mayoría.

 *En el caso de que usted atraviese una crisis,* EL SIETE DE BASTOS *le aconseja*
No permita bajo ningún concepto que su posición sea discutida. Impóngase.

 *Si usted hoy no sabe lo que debe hacer,* EL SIETE DE BASTOS *le propone*
Haga algo en beneficio de su persona, aunque esto vaya en contra de los
intereses de los demás. Haga valer su opinión o participe en un curso de
defensa personal.

 *Con esta afirmación* EL SIETE DE BASTOS *lo anima*
Yo defiendo mi postura.
Yo soy capaz de defender algo en lo que creo.

El Ocho de Bastos

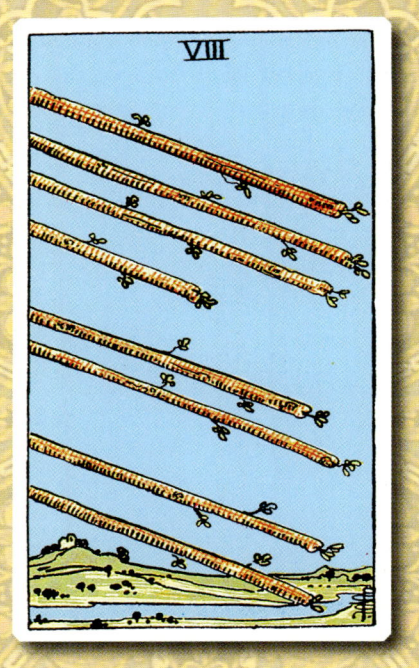

Hay que contar con todo en la vida,
incluso con lo que es bello.

Anónimo

NOVEDADES

EL OCHO DE BASTOS *pregunta como imagen de meditación*
¿Estoy preparado para recibir nuevos y tonificantes impulsos?
¿Qué es lo que realmente me infunde nuevos ánimos?

EL OCHO DE BASTOS *aconseja en cuestiones del corazón*
Las flechas de Cupido están surcando el aire. Si no se aparta a tiempo,
será alcanzado por alguna de ellas. En cualquier caso, debe contar con
que se avecinan tiempos muy vitales en este terreno y que vienen además cargados de buenas noticias.

EL OCHO DE BASTOS *predice echando un vistazo al futuro*
Le esperan nuevos impulsos que lo van a animar especialmente, y tam-
bién desarrollos que van a llegar antes de lo que usted había previsto.

En el caso de que usted atraviese una crisis, **EL OCHO DE BASTOS** *le
aconseja*
Confíe en que esa situación crítica va a ser tratada y de que en el aire se
respira la llegada de buenas nuevas que pronto le van a ayudar a resolver ese problema.

Si usted hoy no sabe lo que debe hacer, **EL OCHO DE BASTOS** *le propone*
Haga hoy algo que le permita sentirse más ágil y ligero como, por ejem-
plo, patinar sobre ruedas, hacer windsurf, volar una cometa o tirar al arco.

Con esta afirmación, **EL OCHO DE BASTOS** *lo anima*
Buenas noticias están a punto de llegar.
Mi vida va a recibir un nuevo impulso.

EL NUEVE DE BASTOS

Cuando se cierra una puerta delante de nosotros, siempre hay otra que se abre. Lo trágico es que miramos la puerta que ya está cerrada, en lugar de valorar la que ha quedado abierta.

André Gide

RESERVA

El Nueve de Bastos *pregunta como imagen de meditación*
¿En qué situaciones me muestro demasiado cauto y reservado por miedo a que caiga algo de sal en las viejas heridas?

El Nueve de Bastos *aconseja en cuestiones del corazón*
Aunque usted quiera mostrarse reservado, considere una cosa: es mucho mejor que conversen los dos a que callen mutuamente.

El Nueve de Bastos *predice echando un vistazo al futuro*
O bien usted va a encontrarse con las puertas cerradas o bien va a ser usted el que se las cierre a sí mismo. Si desea conseguir algo, debería abrirse a los demás y ganarse su confianza.

En el caso de que usted atraviese una crisis, El Nueve de Bastos *le aconseja*
Sea muy prudente, y en el caso de que acabe de poner término a algo, cierre la puerta con tal fuerza que no haya posibilidad de dar marcha atrás.

Si usted hoy no sabe lo que debe hacer, El Nueve de Bastos *le propone*
Ponga hoy el cartel de Cerrado y no se acerque a nadie. Dedique el tiempo a su persona y lámese sus viejas heridas.

Con esta afirmación, El Nueve de Bastos *lo anima*
Soy capaz de aislarme y de mantenerme protegido.

El Diez de Bastos

Lo que desconoces es lo pesada que es la carga
que no llevas.

Proverbio africano

UNA GRAN CARGA

 EL DIEZ DE BASTOS *pregunta como imagen de meditación*
¿Cuántas veces me exijo demasiado a mí mismo?
¿Por qué razón creo siempre poder hacerlo todo yo solo?

 EL DIEZ DE BASTOS *aconseja en cuestiones del corazón*
Tenga cuidado. Se exige demasiado a sí mismo. Procure no perder por
ello las ganas y las perspectivas de hacer las cosas que se propone.

 EL DIEZ DE BASTOS *predice echando un vistazo al futuro*
Le espera una gran carga que lo va a poner a prueba. Intente encontrar
a alguien que comparta esta obligación con usted y en ningún momento descuide su meta principal.

 *En el caso de que usted atraviese una crisis,* EL DIEZ DE BASTOS *le acon-
seja*
Si usted realiza un gran aporte de fuerza, podrá conseguirlo. No tire la
toalla. Concentre todo su esfuerzo en ello y deje atrás este arduo trecho
del camino.

 *Si usted hoy no sabe lo que debe hacer,* EL DIEZ DE BASTOS *le propone*
¿Hay algo que desde hace tiempo le preocupa o agobie? Intente arre-
glarlo hoy. O vaya a un gimnasio y levante pesas hasta extenuarse.

 *Con esta afirmación,* EL DIEZ DE BASTOS *lo anima*
Yo asumo mi responsabilidad con dignidad.
Aunque me agobien las deudas, las preocupaciones y las obligaciones,
no pierdo de vista mis metas.

LA SOTA DE BASTOS

LA SOTA DE BASTOS

Vivimos con la creencia de que lo máximo a lo que aspiramos
alcanzar en la vida son la comodidad y el lujo,
cuando en realidad lo que necesitamos para ser verdaderamente
felices es algo que consiga despertar nuestra ilusión.

Charles Kingsley

SITUACIÓN EMOCIONANTE

La Sota de Bastos *pregunta como imagen de meditación*
¿En qué medida soy fácil o difícilmente impresionable?
¿En qué momento se me brinda una oportunidad que consigue despertar mi interés por algo?

La Sota de Bastos *aconseja en cuestiones del corazón*
Se le presenta una buena ocasión, quizá incluso una oportunidad ardiente que lo hará revivir. Déjese arrastrar, contagiar, impresionar. Sea más osado y atrevido de lo que es habitualmente.

La Sota de Bastos *predice echando un vistazo al futuro*
Alégrese por la llegada de una buena oportunidad que va a significar un nuevo y cariñoso impulso en su vida y que va a motivarlo de verdad.

En el caso de que usted atraviese una crisis, La Sota de Bastos *le aconseja*
Déjese ayudar. Usted necesita a alguien que lo motive, que le infunda valor o que sencillamente consiga revivir esa llama en usted.

Si usted hoy no sabe lo que debe hacer, La Sota de Bastos *le propone*
Espere, pues. Alguien le va a hacer una proposición muy interesante que usted debería aceptar.

Con esta afirmación, La Sota de Bastos *lo anima*
Me siento feliz por las experiencias excitantes que me brinda la vida. Me dejo impresionar fácilmente y de hecho lo estoy en este momento.

El Caballo de Bastos

El Caballo de Bastos

La paciencia es relativa. Se suele valorar en el conductor
que conduce detrás y no en aquel que va delante.

Anónimo

ESTADO DE ÁNIMO ARDIENTE

 El Caballo de Bastos *pregunta como imagen de meditación*
¿Cuántas veces no he llegado a resolver una cuestión importante por querer solucionar antes aquello que corría más prisa?

 El Caballo de Bastos *aconseja en cuestiones del corazón*
No espere durante más tiempo. Atrévase a jugar con fuego. Déjese contagiar, impresionar, arrastrar.

 El Caballo de Bastos *predice echando un vistazo al futuro*
Alégrese porque se avecinan tiempos emocionantes, en los que va a sentirse muy ardiente. No sea demasiado precavido. Participe.

 *En el caso de que usted atraviese una crisis,* El Caballo de Bastos *le aconseja*
Haga acopio de valor. Admírese a sí mismo y trate de impresionar a los demás demostrándoles que usted es capaz de trabajar bajo una gran presión hasta conseguir superar el problema.

 *Si usted hoy no sabe lo que debe hacer,* El Caballo de Bastos *le propone*
Realice algo que le haga sudar la gota gorda. Practique algún deporte, túmbese al sol o tome una sauna.

 *Con esta afirmación,* El Caballo de Bastos *lo anima*
Estoy vivo y lleno de brío.
Me siento con muchas ganas de hacer cosas y reboso pasión.

La Reina de Bastos

La Reina de Bastos

Si quieres construir un barco, no reúnas a tus hombres
para que aporten madera y para distribuir su trabajo,
sino enséñales a sentir nostalgia por el amplio e infinito mar.

Antoine de Saint-Exupéry

VALOR, INICIATIVA

LA REINA DE BASTOS *pregunta como imagen de meditación*
¿Qué me puede llegar a impresionar de verdad?
¿Hasta qué punto tengo valor y decisión para emprender mi camino?

LA REINA DE BASTOS *aconseja en cuestiones del corazón*
Sacúdase todas las preocupaciones y todos los quebraderos de cabeza.
Déjese arrastrar y aporte también usted nuevos bríos e impulsos a su
vida sentimental.

LA REINA DE BASTOS *predice echando un vistazo al futuro*
Usted va a conocer a una mujer emprendedora, optimista y con una
gran fuerza de voluntad que va a significar algo importante en su vida.

En el caso de que usted atraviese una crisis, LA REINA DE BASTOS *le
aconseja*
Busque a una mujer valiente y cariñosa que lo motive de nuevo y que
despierte en usted sentimientos de confianza y de optimismo.

Si usted hoy no sabe lo que debe hacer, LA REINA DE BASTOS *le propone*
Designe su día de hoy como el día de la fuerza. Muestre a los demás su
fuerza. Desahóguese, baile claqué o flamenco.

Con esta afirmación, LA REINA DE BASTOS *lo anima*
Yo puedo motivarme a mí mismo y a los demás.
Yo sé lo que quiero. Yo hago lo que quiero.

El Rey de Bastos

El Rey de Bastos

Debemos creer en la voluntad libre.
No tenemos otra alternativa.

Isaac Bashevis Singer

FUERZA DE VOLUNTAD

EL REY DE BASTOS *pregunta como imagen de meditación*
¿Sé realmente lo que quiero?
¿En qué medida soy cariñoso, generoso y me siento seguro de mí mismo?

EL REY DE BASTOS *aconseja en cuestiones del corazón*
Confíe en un hombre valiente y soberano. Diríjase a él o/y escuche sus consejos.

EL REY DE BASTOS *predice echando un vistazo al futuro*
Un hombre resuelto y con una gran fuerza de voluntad se cruzará en su camino y significará mucho para usted.

En el caso de que usted atraviese una crisis, EL REY DE BASTOS *le aconseja*
Busque a una persona optimista, pídale consejo y hable con ella hasta conseguir creer de nuevo en usted mismo.

Si usted hoy no sabe lo que debe hacer, EL REY DE BASTOS *le propone*
Sea activo. Practique deporte o trate de ponerse en forma. ¿Quizá consiga que otras personas le acompañen?

Con esta afirmación, EL REY DE BASTOS *lo anima*
Sé lo que quiero y voy a dedicarme a conseguirlo con todas mis fuerzas.

El As de Espadas

El As de Espadas

Algunas veces se toma la decisión correcta
porque el camino que conduce a la decisión equivocada
está ocupado en ese momento.

Hans Krailsheimer

RECONOCIMIENTO

El As de Espadas *pregunta como imagen de meditación*
¿Busco un reconocimiento superior o me muestro satisfecho en ocasiones con explicaciones sencillas y cómodas?

El As de Espadas *aconseja en cuestiones del corazón*
Esté atento. Ahora tiene la oportunidad de aclarar algo, de comprender algo en profundidad y de tomar decisiones verdaderamente inteligentes.

El As de Espadas *predice echando un vistazo al futuro*
Se le presenta una etapa muy decisiva. Aproveche la ocasión de aclarar algo y de decidir de forma inteligente.

En el caso de que usted atraviese una crisis, El As de Espadas *le aconseja*
Recorra cierta distancia en su interior y trate de liberar a su problema de deseos, preocupaciones y de necesidades, contemplándolo desde otra perspectiva e intentando comprenderlo. Tome una decisión muy clara que le permita abordar esa situación de crisis.

Si usted hoy no sabe lo que debe hacer, El As de Espadas *le propone*
¿Está posponiendo una decisión desde hace un tiempo? ¿Le preocupa siempre un mismo tema? Si es así, entonces hoy es el día de aclarar todo.

Con esta afirmación, El As de Espadas *lo anima*
Estoy dispuesto a reconocer algo con decisión.
Tomo mi decisión de forma clara y tenaz.

El Dos de Espadas

Nunca se sabe lo que ocurriría si las cosas cambiasen.
¿Pero llegaríamos a saber algo si las cosas no cambiasen?

Elias Canetti

DISCREPANCIA

EL DOS DE ESPADAS *pregunta como imagen de meditación*
¿Qué me hace sentir este desgarro interior?
¿Acaso tengo unas dudas (inconscientes) que me entumecen?

EL DOS DE ESPADAS *aconseja en cuestiones del corazón*
Muéstrese escéptico y tómese sus dudas en serio. ¿Quizá deba cuestionar también su propio comportamiento?

EL DOS DE ESPADAS *predice echando un vistazo al futuro*
Se le presenta un conflicto de intereses o una etapa en la que va a comenzar a tener dudas. Tome en serio sus reparos y consideraciones; no se deje convencer por nadie.

En el caso de que usted atraviese una crisis, EL DOS DE ESPADAS *le aconseja*
Haga una reflexión crítica. Cuestiónese todo, a usted mismo, a sus metas, a su comportamiento habitual, a su credulidad. Confíe tan solo en aquello que pase su examen de puesta en duda.

Si usted hoy no sabe lo que debe hacer, EL DOS DE ESPADAS *le propone*
Imagínese por un momento que todo lo que hasta el momento le había parecido natural y evidente no sea correcto; que incluso lo contrario de lo que usted consideraba acertado sea precisamente lo correcto. Déjese sorprender por los resultados.

Con esta afirmación, EL DOS DE ESPADAS *le anima*
Mi intelecto crítico y analítico me protege de la mediocridad y de las idioteces.

El Tres de Espadas

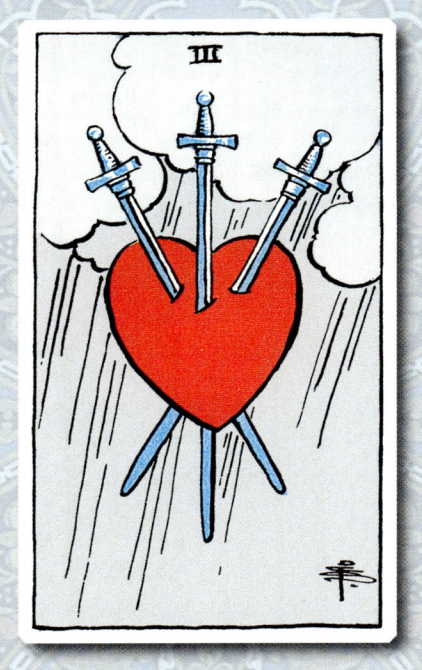

Para la mayoría de las personas, curar significa aportar bienestar y mitigar el dolor. Y en ocasiones es precisamente aquello de lo que queremos ser curados lo que nos curaría a nosotros.

Peter Kingsley

RECONOCIMIENTO DOLOROSO

El Tres de Espadas *pregunta como imagen de meditación*
¿A qué doloroso reconocimiento me había cerrado hasta ahora?
¿Acaso trato de aplazar un decisión difícil?

El Tres de Espadas *aconseja en cuestiones del corazón*
A usted le esperan reconocimientos, consideraciones o decisiones difíciles. No trate de esquivarlos, sino que actúe de forma sensata y consecuente.

El Tres de Espadas *predice echando un vistazo al futuro*
Cuente con desencantos, reconocimientos desagradables y con decisiones que le va a costar tomar, aun sabiendo que son las correctas.

En el caso de que usted atraviese una crisis, El Tres de Espadas *le aconseja*
No se deje guiar durante más tiempo por las falsas ilusiones o por la compasión. Ha llegado el momento de asumir una actitud sensata y crítica y de tomar decisiones dolorosas pero acertadas.

Si usted hoy no sabe lo que debe hacer, El Tres de Espadas *le propone*
No se pregunte qué le apetece hacer hoy, sino trate de solucionar lo que debe hacerse hoy, incluso cuando no tenga mucho interés en ello.

Con esta afirmación, El Tres de Espadas *lo anima*
Hago lo necesario y lo que es correcto aunque me duela.

El Cuatro de Espadas

Hay días en la vida que hay que superar como sea.
A veces nos da la sensación de que duran años.

Hans Christian Müller

INTERRUPCIÓN, ESTANCAMIENTO

EL CUATRO DE ESPADAS *pregunta como imagen de meditación*
¿Qué es lo que me ha condenado a la inactividad?
¿Qué pretende regalarme esta fase de paro?

EL CUATRO DE ESPADAS *aconseja en cuestiones del corazón*
En este momento resulta más inteligente posponer algo y esperar a que lleguen tiempos mejores.

EL CUATRO DE ESPADAS *predice echando un vistazo al futuro*
Cuente con retrasos. Quizá deba aparcar esa idea durante un tiempo.

En el caso de que usted atraviese una crisis, EL CUATRO DE ESPADAS *le aconseja*
Déjelo estar y haga una pausa. Cuídese hasta reunir de nuevo fuerzas.

Si usted hoy no sabe lo que debe hacer, EL CUATRO DE ESPADAS *le propone*
Hoy sencillamente no haga nada.

Con esta afirmación, EL CUATRO DE ESPADAS *lo anima*
Yo me cuido.
Me comporto de forma tranquila y espero a ver qué me regala el silencio.

El Cinco de Espadas

El enemigo vencido se parece en la mayoría de los casos
muy poco a aquel que debíamos vencer. Nos recuerda más bien
a la desgracia que hemos sufrido nosotros mismos.

Manès Sperber

DERROTA

EL CINCO DE ESPADAS *pregunta como imagen de meditación*
¿Cuánto odio, rabia y sed de venganza albergo en mi corazón? ¿En qué momentos de mi vida hago uso de una agresividad oculta o abierta?

EL CINCO DE ESPADAS *aconseja en cuestiones del corazón*
Ahora no va a conseguir nada por medio de su encanto y de su diplomacia. Si no le es posible esquivar la relación, debería ser contundente y demostrar que con usted no se bromea.

EL CINCO DE ESPADAS *predice echando un vistazo al futuro*
Sea extremadamente cauto, ante usted hay un montón de vidrios rotos. Si a pesar de todo decide seguir adelante, debería armarse de valor y continuar lo mejor que usted pueda.

En el caso de que usted atraviese una crisis, EL CINCO DE ESPADAS *le aconseja*
Reconozca que hay algo que definitivamente se ha roto y que en este momento ni su buena voluntad, ni su lealtad o su disposición a ceder van a cambiar esta situación. Elija otra opción y empiece de nuevo en otro lugar.

Si usted hoy no sabe lo que debe hacer, EL CINCO DE ESPADAS *le propone*
Si se siente derrotado, retírese y cure sus heridas. O quizá sea aconsejable que lea la historia de la victoria de Pirro, de quien el rey de los molosos decía: Otra victoria como esta y estamos perdidos.

Con esta afirmación, EL CINCO DE ESPADAS *lo anima*
Si la ocasión lo requiere, soy capaz de imponerme de forma rigurosa. Me voy abriendo camino.

El Seis de Espadas

Cuanto más tiempo dudamos frente a la puerta,
más extraños nos volvemos.

Franz Kafka

CAMBIO DUDOSO

El Seis de Espadas *pregunta como imagen de meditación*
¿Me atrevo a cruzar el río o espero en la orilla hasta que toda su agua se haya secado?

El Seis de Espadas *aconseja en cuestiones del corazón*
Trate de superar esa limitación o de atravesar ese umbral y atrévase —aunque con cautela— a vivir una nueva experiencia.

El Seis de Espadas *predice echando un vistazo al futuro*
Se le avecina un cambio que en un principio no parece entusiasmarlo, pero que lo conducirá a conocer nuevos horizontes. No dude en aceptar la ayuda de otras personas.

En el caso de que usted atraviese una crisis, El Seis de Espadas *le aconseja*
Aunque no vaya con sus principios: deje lo viejo y emprenda un nuevo camino. Tenga en cuenta este proverbio ruso: «Reza a Dios, pero no dejes de remar hacia la costa.»

Si usted hoy no sabe lo que debe hacer, El Seis de Espadas *le propone*
Atrévase a dar ese paso que hasta ahora evitaba. Intente superarse a sí mismo sin romper o dañar nada.

Con esta afirmación, El Seis de Espadas *lo anima*
Me dirijo hacia nuevos horizontes.
Confío en mí.

El Siete de Espadas

¡Resulta difícil creer en la palabra de una persona
cuando se sabe que en su lugar nosotros mentiríamos!

Henry Louis Mencken

FALSEDAD

 El Siete de Espadas *pregunta como imagen de meditación*
¿Hasta qué punto soy sincero conmigo mismo y con los demás?
¿Cuántas veces eludo esa sinceridad en mi interior?

 El Siete de Espadas *aconseja en cuestiones del corazón*
Tenga cuidado. Puede darse el caso de que en cosas relacionadas con el amor no estén jugando limpio. Examine también su propia integridad y sinceridad.

 El Siete de Espadas *predice echando un vistazo al futuro*
Tenga cuidado de no ser víctima de un engaño o de promesas incumplidas. Procure que su propio comportamiento sea honesto y sincero. Reflexione sobre esta afirmación: miente mejor aquel del que menos se sospecha.

 *En el caso de que usted atraviese una crisis,* El Siete de Espadas *le aconseja*
Va a necesitar astucia y picardía para salir de esta situación crítica. Pero tenga cuidado de no ahondar más en su desgracia por culpa del juego sucio de otras personas.

 *Si usted hoy no sabe lo que debe hacer,* El Siete de Espadas *le propone*
Juegue con sus amigos o con su familia a algún juego en el que esté permitido el engaño, vaya de farol en el póquer o lea las historias del mentiroso barón de Münchhausen o de Félix Krull.

 *Con esta afirmación,* El Siete de Espadas *lo anima*
Si la ocasión lo requiere, me veré obligado a ser también algo pillo.

El Ocho de Espadas

Tiempos difíciles nunca son tiempos perdidos.

Rainer Maria Rilke

DESFILADERO

El Ocho de Espadas pregunta como imagen de meditación
¿Qué inhibiciones interiores o prohibiciones externas impiden que una importante faceta de mí mismo se desarrolle? ¿Acaso he pintado mis fronteras de colores y me he imaginado que era libre?

El Ocho de Espadas aconseja en cuestiones del corazón
Reprímase un poco. No es este el momento de abrirse o de esperar que se cumpla un deseo relacionado con su vida sentimental.

El Ocho de Espadas predice echando un vistazo al futuro
Cuente con limitaciones que lo van a condicionar. Es posible que se sienta humillado o desplazado.

En el caso de que usted atraviese una crisis, El Ocho de Espadas *le aconseja*
Ajústese el cinturón. Se encuentra en medio de un desfiladero y deberá dar pasitos cortos hasta haber logrado atravesarlo.

Si usted hoy no sabe lo que debe hacer, El Ocho de Espadas *le propone*
Ayune o practique de otra forma la renuncia. Muévase hoy únicamente en un radio estrecho.

Con esta afirmación, El Ocho de Espadas *lo anima*
A pesar de mis ataduras, puedo andar libremente.
Yo trato de esforzarme.

El Nueve de Espadas

¿Cuántas horas irrecuperables de nuestra vida malgastamos
cavilando sobre problemas y preocupaciones que en menos
de un año el mundo y nosotros mismos hemos olvidado?

André Maurois

PREOCUPACIÓN Y ARREPENTIMIENTO

 EL NUEVE DE ESPADAS *pregunta como imagen de meditación*
¿Hay algo de lo que me arrepiento?
¿Qué es lo que me roba mi paz interior?

 EL NUEVE DE ESPADAS *aconseja en cuestiones del corazón*
Dialogue sobre sus miedos, abra su corazón y demuestre arrepentimiento si hay algo que lo atormenta.

 EL NUEVE DE ESPADAS *predice echando un vistazo al futuro*
Es posible que le esperen algunas noches de insomnio. Sea prudente y no haga nada de lo que más tarde pueda arrepentirse.

 *En el caso de que usted atraviese una crisis,* EL NUEVE DE ESPADAS *le aconseja*
El miedo es un mal consejero. Por lo tanto, no se deje amedrentar. Pero si hay algo que pese sobre su conciencia, entonces debería arrepentirse con honestidad.

 *Si usted hoy no sabe lo que debe hacer,* EL NUEVE DE ESPADAS *le propone*
Haga examen de conciencia. Reflexione sobre aquello que desde hace tiempo lo atormenta, sobre aquello que hace tiempo desea hacer o aquello que no quiere seguir haciendo.

 *Con esta afirmación,* EL NUEVE DE ESPADAS *lo anima*
Me arrepiento sinceramente de lo que he hecho.
Emprendo mi camino acompañado de todos mis miedos.

El Diez de Espadas

Llegará un momento en el que pienses que todo ha terminado.
Será precisamente entonces cuando vuelvas a empezar.

Louis L´Amour

PUNTO FINAL

 EL DIEZ DE ESPADAS *pregunta como imagen de meditación*
¿Con qué debo romper?
¿A qué debería poner punto final de una vez por todas?

 EL DIEZ DE ESPADAS *aconseja en cuestiones del corazón*
Dé por finalizado un episodio, una fase o una relación.

 EL DIEZ DE ESPADAS *predice echando un vistazo al futuro*
Su futuro va encaminado hacia una ruptura que puede parecerle arbitraria. Sobre si este paso pueda ser considerado inteligente o no, o cómo continuará su camino después de esta ruptura, la carta desgraciadamente no le dice nada.

 *En el caso de que usted atraviese una crisis,* EL DIEZ DE ESPADAS *le aconseja*
No malgaste más energía. Rompa definitiva y radicalmente con lo viejo. A medida que avance el tiempo, podrá notar que su nueva opción le va a brindar cada día nuevas perspectivas.

 *Si usted hoy no sabe lo que debe hacer,* EL DIEZ DE ESPADAS *le propone*
Sepárese hoy definitivamente de cosas que desde hace mucho tiempo va arrastrando. Independícese. Ponga orden en su casa y renuévese.

 *Con esta afirmación,* EL DIEZ DE ESPADAS *lo anima*
Ahora voy a hacer un corte.
Termino con aquello que debo terminar.

La Sota de Espadas

LA SOTA DE ESPADAS

Es sabido que los navegantes, precisamente
porque conocen el viento, son capaces de seguir
surcando los mares aun cuando sopla en su contra.

Peter Brügge

CRÍTICA ACLARATORIA

La Sota de Espadas *pregunta como imagen de meditación*
¿Por qué no soy capaz de aceptar una crítica sin sentir rencor? ¿En qué temo resultar herido? ¿Y en qué debo darle la razón al que me critica?

La Sota de Espadas *aconseja en cuestiones del corazón*
Cuente con alguna pulla, crítica o enfado. Intente no mostrarse herido, sino que es aconsejable que reaccione de forma tranquila y neutral.

La Sota de Espadas *predice echando un vistazo al futuro*
Tendrá el viento en su contra. Si es usted capaz de aceptar la crítica de forma abierta y consciente, aprenderá algo nuevo.

En el caso de que usted atraviese una crisis, La Sota de Espadas *le aconseja*
Muéstrese dispuesto a aceptar una crítica. Busque a una persona que sea neutral y que le diga claramente qué es lo que usted hace mal.

Si usted hoy no sabe lo que debe hacer, La Sota de Espadas *le propone*
Pídale a su mejor amigo o amiga que abierta y sinceramente le diga cuál es, en su opinión, su mayor defecto.

Con esta afirmación, LA SOTA DE ESPADAS lo anima
Acepto las críticas tranquilamente y con sentido de humor.

El Caballo de Espadas

El Caballo de Espadas

Quizá nos olvidamos del lugar en el que enterramos
la pipa de la paz. Pero no olvidamos nunca dónde
se encuentra el hacha de guerra.

Mark Twain

TIEMPOS FRÍOS

El Caballo de Espadas *pregunta como imagen de meditación*
Cabezas calientes y corazones fríos nunca han conseguido solucionar nada.
¿Qué es lo que despierta en mí la sed de venganza?

El Caballo de Espadas *aconseja en cuestiones del corazón*
Tenga cuidado. En el ambiente se percibe una fuerte bajada de las temperaturas. Si se llega a una discusión, usted debería hacer lo posible por intentar aclarar las cosas a través de ella.

El Caballo de Espadas *predice echando un vistazo al futuro*
Abríguese. Debe contar con un fuerte viento en su contra, con críticas y con enfados. Pero finalmente todo ello puede ayudarle a ser consciente de algo importante. Mantenga los ojos bien abiertos.

En el caso de que usted atraviese una crisis, El Caballo de Espadas *le aconseja*
No hay nada que pueda evitar esta situación. Usted debe asumir el posible conflicto y el hecho de que va a estar expuesto a ciertas críticas y reproches. Después de la tormenta vendrá la calma y el cielo estará limpio, con lo cual usted verá las cosas más claras y podrá resolver su problema.

Si usted hoy no sabe lo que debe hacer, El Caballo de Espadas *le propone*
Desahóguese y dé rienda suelta a su enfado. Y si no es capaz de ello, salga al frío. Dé un paseo bajo el frío invierno o báñese en agua bien helada.

Con esta afirmación, El Caballo de Espadas *lo anima*
Estoy preparado para luchar.
Quiero aclarar todo, aunque para ello sea preciso discutir o enfrentarme.

La Reina de Espadas

La Reina de Espadas

Los pensamientos que surgen espontáneamente
son mejores que aquellos que nos planteamos nosotros mismos.

Joseph Joubert

INTELIGENCIA

LA REINA DE ESPADAS *pregunta como imagen de meditación*
¿En qué debo independizar más mis pensamientos o mi comportamiento?

LA REINA DE ESPADAS *aconseja en cuestiones del corazón*
Mantenga una distancia amistosa pero clara. No deje que le priven de su libertad.

LA REINA DE ESPADAS *predice echando un vistazo al futuro*
Va a conocer a una mujer inteligente y elocuente que va a significar algo importante en su vida.

En el caso de que usted atraviese una crisis, LA REINA DE ESPADAS *le aconseja*
Busque el consejo de una mujer inteligente y astuta, quizá el de una experta. Ella podrá guiarlo por un camino que le permita salir de la crisis.

Si usted hoy no sabe lo que debe hacer, LA REINA DE ESPADAS *le propone*
Piense hoy todo el rato en un problema hasta hallar su solución. O lea un buen libro.

Con esta afirmación, LA REINA DE ESPADAS *lo anima*
Yo actúo de forma clara y decidida.
Estoy abierto a nuevos conocimientos.

El Rey de Espadas

El Rey de Espadas

Muchos minutos de «reflexión» podrían ser evitados
por minutos de «pensamiento».

Hoimar von Ditfurth

ASTUCIA

 EL REY DE ESPADAS *pregunta como imagen de meditación*
¿Sobre qué problema no he reflexionado lo suficiente? ¿En qué me falta aplicar la estrategia correcta?

 EL REY DE ESPADAS *aconseja en cuestiones del corazón*
Diríjase a un hombre inteligente y escuche sus consejos.

 EL REY DE ESPADAS *predice echando un vistazo al futuro*
En su vida va a aparecer un hombre versado e inteligente que va a significar algo importante para usted.

 *En el caso de que usted atraviese una crisis*, EL REY DE ESPADAS *le aconseja*
Diríjase a un experto. Déjese aconsejar.

 *Si usted hoy no sabe lo que debe hacer*, EL REY DE ESPADAS *le propone*
Busque algo que lo estimule espiritualmente. Intente aclarar o resolver un problema. Discuta, acuda a una conferencia o juegue al ajedrez.

 *Con esta afirmación*, EL REY DE ESPADAS *lo anima*
Yo voy a analizar el problema de forma crítica y a encontrar una solución inteligente.

EL AS DE COPAS

EL AS DE COPAS

La felicidad no es algo sencillo: resulta difícil de encontrar
en nosotros mismos y a veces imposible
de encontrar en cualquier otra parte.

Chamfort

SATISFACCIÓN

EL AS DE COPAS *pregunta como imagen de meditación*
¿Acepto la ayuda de los demás para alcanzar la plena satisfacción o estoy convencido de que debo hacer todo yo solo? ¿Me encuentro todavía inmerso en la búsqueda del grial o he dado su hallazgo por perdido?

EL AS DE COPAS *aconseja en cuestiones del corazón*
Reconozca y aproveche la oportunidad de alcanzar la gran felicidad en los asuntos del amor.

EL AS DE COPAS *predice echando un vistazo al futuro*
A usted se le va a brindar una maravillosa oportunidad para encontrar la felicidad y la satisfacción que no debería desaprovechar en ningún caso.

En el caso de que usted atraviese una crisis, EL AS DE COPAS *le aconseja*
Abra los ojos ante una ocasión que le va a permitir salir de esa situación de crisis de forma feliz y transformada.

Si usted hoy no sabe lo que debe hacer, EL AS DE COPAS *le propone*
Hoy le espera una oportunidad que quiere ser descubierta. Haga caso a lo que le dicte el corazón y podrá alcanzar una profunda satisfacción.

Con esta afirmación, EL AS DE COPAS *lo anima*
Me siento agradecido y abierto a la suerte que me depara la vida.

El Dos de Copas

El momento más importante es el presente,
la persona más importante es aquella que está a tu lado,
y la obra más importante es el amor.

El Maestro Eckhart

RELACIÓN

El Dos de Copas *pregunta como imagen de meditación*
¿Con qué o con quién debería reconciliarme o relacionarme?
¿En qué o a quién debería abrirle mi corazón?

El Dos de Copas *aconseja en cuestiones del corazón*
Vaya al encuentro de su pareja, haga las paces con ella e intente reforzar aquello que tienen en común.

El Dos de Copas *predice echando un vistazo al futuro*
Le esperan un encuentro afectivo, una relación muy valiosa o una reconciliación.

En el caso de que usted atraviese una crisis, El Dos de Copas *le aconseja*
No siga intentándolo solo. Únase a alguien. Entonces lo conseguirá.

Si usted hoy no sabe lo que debe hacer, El Dos de Copas *le propone*
Diríjase a alguien con el corazón abierto y muéstrese cariñoso. Finalice un conflicto interno o externo.

Con esta afirmación, El Dos de Copas *lo anima*
Yo uno aquello que debe permanecer unido.

EL TRES DE COPAS

Es posible encender miles de velas con la llama de una sola,
sin que por ello su vida se acorte.
La felicidad no disminuye cuando la compartimos.

Buda

FELICIDAD AGRADECIDA

EL TRES DE COPAS *pregunta como imagen de meditación*
¿Cuándo fue la última vez que bailé de felicidad? La gratitud sincera es un indicio de grandeza; ¿acaso me empequeñezco a través de la ingratitud?

EL TRES DE COPAS *aconseja en cuestiones del corazón*
Alégrese por aquello que está viviendo en este momento o por lo que va a vivir en breve y muestre abiertamente su felicidad y su agradecimiento.

EL TRES DE COPAS *predice echando un vistazo al futuro*
Muy pronto va a recoger una buena cosecha y va a sentirse muy feliz y satisfecho por el resultado obtenido.

En el caso de que usted atraviese una crisis, EL TRES DE COPAS *le aconseja*
Sea consciente de lo que ha alcanzado hasta ahora y muéstrese agradecido por ello, incluso cuando se trate tan solo de pequeños triunfos. Entonces recobrará de nuevo fuerzas para el siguiente impulso.

Si usted hoy no sabe lo que debe hacer, EL TRES DE COPAS *le propone*
Piense en una persona a la que deba estar muy agradecido y deje que se le ocurra algo bonito para demostrarle su gratitud.

Con esta afirmación, EL TRES DE COPAS *lo anima*
Estoy agradecido por todo aquello que me regala la vida cada día.

El Cuatro de Copas

Los sentimientos reprimidos y las palabras calladas
se vuelven venenosas.

Wilhelm Reich

MAL HUMOR

EL CUATRO DE COPAS *pregunta como imagen de meditación*
¿En qué situaciones me lleno de ira y hago gala de mi testadurez, cerrándome de esta manera a nuevas y buenas oportunidades? ¿Me ofendo con facilidad?

EL CUATRO DE COPAS *aconseja en cuestiones del corazón*
No se estanque en su mal humor. Es mejor que acepte esa oportunidad feliz que se le brinda.

EL CUATRO DE COPAS *predice echando un vistazo al futuro*
A usted le va a dar un bajón emocional. Esté atento y no deje pasar buenas oportunidades por causa de su enfado o mal humor.

En el caso de que usted atraviese una crisis, EL CUATRO DE COPAS *le aconseja*
No sirve de nada seguir alimentando su rencor, aunque su enfado esté justificado. Abra los ojos y acepte esas soluciones cercanas que le ofrece la vida en este momento.

Si usted hoy no sabe lo que debe hacer, EL CUATRO DE COPAS *le propone*
Deje a un lado su mal humor y haga algo que le permita liberarse de él y de todo aquello que lo ha provocado. Si no sabe cómo hacerlo, mire a su alrededor. Seguro que la solución la tiene a mano.

Con esta afirmación, EL CUATRO DE COPAS *lo anima*
Yo perdono de todo corazón.
Abro los ojos a las cosas buenas que me brinda la vida.

El Cinco de Copas

Primero es necesario que el hombre deje brotar todas las lágrimas
reprimidas que hay en su interior a través de sus viejos ojos
antes de que pueda contemplar la vida sonriente con nuevos ojos.

Gustav Meyrink

TRISTEZA

El Cinco de Copas *pregunta como imagen de meditación*
Sin las lágrimas de nuestros ojos no habría arco iris en nuestra alma.
¿Qué dolor me hace sentirme atrapado?

El Cinco de Copas *aconseja en cuestiones del corazón*
Intente no sonreír si sus ojos están enjuagados de lágrimas. No tome
ninguna iniciativa mientras su corazón esté dolido.

El Cinco de Copas *predice echando un vistazo al futuro*
El futuro le augura un valle de lágrimas. Sin embargo, habrá personas
a su lado que le prestarán su ayuda y que le cubrirán y fortalecerán las
espaldas.

En el caso de que usted atraviese una crisis, **El Cinco de Copas** *le
aconseja*
No reprima su tristeza, aunque puede sentirse consolado. Con el tiempo, la tristeza desaparece y nuevos caminos se le abrirán.

Si usted hoy no sabe lo que debe hacer, **El Cinco de Copas** *le propone*
No trate de evitar un sentimiento de tristeza. Incluso aunque la melan-
colía y la desesperación vayan creciendo dentro de usted, deles rienda
suelta. Necesitan ser expresados.

Con esta afirmación, **El Cinco de Copas** *lo anima*
Cedo con dignidad aquello que no soy capaz de salvar.

El Seis de Copas

Con la edad los recuerdos adquieren el mismo valor
que los sueños en la juventud.

Erna Behrens-Giegl

RECUERDOS FELICES

EL SEIS DE COPAS *pregunta como imagen de meditación*
¿A qué personas que han desaparecido de mi vida me gustaría volver a
ver? ¿Qué deseos que un día tuve podría volver a revivir hoy?

EL SEIS DE COPAS *aconseja en cuestiones del corazón*
Recuerde aquello que deseaba en lo más profundo de su corazón e intente ahora hacer realidad ese sueño.

EL SEIS DE COPAS *predice echando un vistazo al futuro*
Se alegrará de encontrarse con alguien que pertenecía a su pasado o de
volver a revivir algo que en su día significó mucho para usted y que hoy
le puede ser de gran ayuda.

En el caso de que usted atraviese una crisis, EL SEIS DE COPAS *le aconseja*
Busque la ayuda de personas que formaban parte de su pasado. Recuerde
cuáles eran sus metas antiguamente e intente hacerlas realidad.

Si usted hoy no sabe lo que debe hacer, EL SEIS DE COPAS *le propone*
Dedique este día a su pasado. Revuelva entre sus viejos cajones; lea viejas cartas o diarios; hojee los álbumes de fotos o remueva rincones y
espacios en los que ha ido almacenando cosas de su pasado.

Con esta afirmación, EL SEIS DE COPAS *lo anima*
Soy consciente de mis metas originales y las voy a alcanzar si aún hoy
siguen siendo válidas para mí.

El Siete de Copas

Para poder ver determinadas cosas
es necesario creer en ellas.

Ralph Hodgson

LA REALIDAD DE LOS SUEÑOS

El Siete de Copas *pregunta como imagen de meditación*
¿Hasta qué punto es verdadera mi realidad? ¿Qué significado tienen mis sueños? ¿Con qué sueño en esta vida?

El Siete de Copas *aconseja en cuestiones del corazón*
Usted sueña con el amor o está enamorado hasta los huesos en este momento. Disfrute plenamente de su situación actual.

El Siete de Copas *predice echando un vistazo al futuro*
Usted ve todo de color de rosa y se imagina que la realidad es francamente maravillosa. Tenga cuidado de no caer en ninguna trampa.

En el caso de que usted atraviese una crisis, El Siete de Copas *le aconseja*

Usted necesita una visión que lo saque de su situación de crisis. Tómese tiempo, tenga muy en cuenta sus sueños y escuche con atención aquello que le dicta su corazón, hasta tener ante usted un cuadro claro que consiga despertar su inspiración.

Si usted hoy no sabe lo que debe hacer, El Siete de Copas *le propone*

Dedique este día a poner en práctica su fantasía. Fíjese bien en cuáles son sus sueños. Dibuje algo maravilloso o déjese fascinar por un buen libro, una película o por una obra de teatro.

Con esta afirmación, El Siete de Copas *lo anima*
Yo sigo el camino que me marcan mis deseos.
Yo sé que mis deseos me conducirán hacia la meta.

El Ocho de Copas

No te preocupes hacia dónde te guía cada uno de los pasos
que das; solo aquel que tiene una perspectiva amplia
encuentra su camino.

Dag Hammarskjöld

PARTIDA CON DOLOR DE CORAZÓN

EL OCHO DE COPAS *pregunta como imagen de meditación*
¿Qué es lo que me hace aferrarme a la desgracia que me resulta tan familiar y cómo puedo liberarme de esa atadura?

EL OCHO DE COPAS *aconseja en cuestiones del corazón*
Libérese de imaginaciones y de hábitos a los que se ha acostumbrado. Emprenda un camino nuevo, aunque al principio le cueste mucho hacerlo.

EL OCHO DE COPAS *predice echando un vistazo al futuro*
Usted va a decir adiós a aquello que le es conocido y va a emprender un nuevo camino de forma muy decidida aunque en un principio le va a resultar inusual y más bien duro.

En el caso de que usted atraviese una crisis, EL OCHO DE COPAS *le aconseja*
Deje todo lo viejo atrás. Tenga valor y ponga un rumbo nuevo a su vida. No se arrepentirá.

Si usted hoy no sabe lo que debe hacer, EL OCHO DE COPAS *le propone*
Pruebe a hacer algo a lo que hasta ahora no se había atrevido. O camine en solitario contracorriente.

Con esta afirmación, EL OCHO DE COPAS *lo anima*
El valor es el miedo que para mí ha muerto ya.

El Nueve de Copas

Yo dormía y soñé que la vida era alegría y felicidad. Me desperté y me di cuenta de que la vida en realidad encerraba ciertas obligaciones. Realicé mis tareas y entonces mi vida se transformó en alegría.

Rabindranath Tagore

GANAS DE VIVIR

 EL NUEVE DE COPAS *pregunta como imagen de meditación*
¿En cuántas ocasiones me siento feliz por la vida que llevo y cuántas veces sencillamente dejo pasar la vida con indiferencia?

 EL NUEVE DE COPAS *aconseja en cuestiones del corazón*
Dedíquese un tiempo a usted mismo y a su pareja, olvídense de las preocupaciones, mímense el uno al otro y disfruten de su amor.

 EL NUEVE DE COPAS *predice echando un vistazo al futuro*
Usted va a disfrutar de lo conseguido y pasará unos momentos agradables con gente muy simpática.

 *En el caso de que usted atraviese una crisis,* EL NUEVE DE COPAS *le aconseja*
Intente no preocuparse mucho de momento. Reúnase con amigos y disfrute de la vida.

 *Si usted hoy no sabe lo que debe hacer,* EL NUEVE DE COPAS *le propone*
Invite a unos buenos amigos. Y si no pudiera acudir nadie a su casa, dedíquese a sí mismo una gran dosis de mimos.

 *Con esta afirmación,* EL NUEVE DE COPAS *lo anima*
Disfruto de cada día como si fuera el último.

EL DIEZ DE COPAS

No hay nada más digno y grande que dos personas
que se llevan bien y que para disgusto de sus enemigos
y alegría de sus amigos comparten su vida como marido y mujer.

Homero

ALEGRÍA COMPARTIDA

 EL DIEZ DE COPAS *pregunta como imagen de meditación*
¿Dónde me siento realmente como en mi casa?
¿En que círculo de personas me siento protegido?

 EL DIEZ DE COPAS *aconseja en cuestiones del corazón*
Alégrese, pues se avecinan tiempos felices que compartirá con su pareja
y no dude en dejarse convencer confiadamente.

 EL DIEZ DE COPAS *predice echando un vistazo al futuro*
Se reunirá con gente muy simpática y en su compañía se sentirá como
en su casa.

 *En el caso de que usted atraviese una crisis,* EL DIEZ DE COPAS *le aconseja*
Intente concienciarse de dónde encaja usted verdaderamente. Reúnase
con otras personas e intenten solucionar el problema a través de un
esfuerzo común.

 *Si usted hoy no sabe lo que debe hacer,* EL DIEZ DE COPAS *le propone*
Dedique el tiempo a su familia; y en el caso de no encontrarse con su
familia, organice algo en compañía de sus amigos o parientes. Baile,
juegue o dialogue con ellos sobre planes comunes.

 *Con esta afirmación,* EL DIEZ DE COPAS *lo anima*
Yo encuentro mi hogar.
Yo regreso a mi hogar.

La Sota de Copas

La Sota de Copas

Si quieres que alguien ya no se comporte de forma antipática contigo, haz algo bueno por esa persona.

Jacinto Benavente

OFERTA CARIÑOSA

La Sota de Copas *pregunta como imagen de meditación*
¿Estoy dispuesto a tener un gesto amable? ¿Soy capaz de conmoverme
por algo?

La Sota de Copas *aconseja en cuestiones del corazón*
Muéstrese dispuesto a exteriorizar un impulso cariñoso, a firmar la paz
con su pareja o a enamorarse hasta los huesos.

La Sota de Copas *predice echando un vistazo al futuro*
Su futuro se muestra prometedor. Va a recibir el apoyo de los demás, lo
van a defender o se van a querer reconciliar con usted.

En el caso de que usted atraviese una crisis, La Sota de Copas *le
aconseja*
Los demás le van a brindar su comprensión, su compromiso y su apoyo
emocional. Acéptelo y trate de superar los momentos críticos a partir de
esta ayuda.

Si usted hoy no sabe lo que debe hacer, La Sota de Copas *le propone*
Espere algún tiempo. Hoy se le va a brindar una oportunidad que a
usted le va a agradar mucho. Quizá alguien le proponga algo que le tiente y le vaya a beneficiar.

Con esta afirmación, La Sota de Copas *lo anima*
Me gusta que haya personas que me demuestren su cariño y su apoyo.
Estoy abierto a cualquier impulso cargado de afecto.

El Caballo de Copas

El Caballo de Copas

Blando es más fuerte que duro,
el agua es más fuerte que la roca
y el amor más fuerte que la violencia.

Hermann Hesse

CORDIALIDAD

El Caballo de Copas *pregunta como imagen de meditación*
¿Estoy dispuesto a sufrir tantas heridas en defensa de la paz como las
que puedan proporcionarme los tiempos de guerra?

El Caballo de Copas *aconseja en cuestiones del corazón*
Ábrase a los demás, firme la paz, infunda buen ánimo y disfrute plenamente del amor.

El Caballo de Copas *predice echando un vistazo al futuro*
Le esperan tiempos llenos de paz y de afecto que debería disfrutar relajadamente y con buen humor.

En el caso de que usted atraviese una crisis, El Caballo de Copas *le
aconseja*
Deje a un lado su mal humor, olvídese de las rencillas, haga las paces y
trate de solucionar sus problemas sin agobiarse y quizá en compañía de
los demás.

Si usted hoy no sabe lo que debe hacer, El Caballo de Copas *le propone*
Dele una alegría a alguien o haga una declaración de amor. Simplemente
trate de infundir su buen humor a los demás y de pasar un día relajado.

Con esta afirmación, El Caballo de Copas *lo anima*
Estoy cargado de amor y de cordialidad.
Intento traer la paz.

La Reina de Copas

LA REINA DE COPAS

No es la poderosa encina, que ve llegar
y pasar la tormenta, la que muestra su valor,
sino la frágil flor que se abre entre la nieve.

Alice M. Swaim

148

PROFUNDIDAD DEL SENTIMIENTO

La Reina de Copas *pregunta como imagen de meditación*
¿Hasta qué punto soy consciente de mis verdaderos sentimientos?
¿Confío plenamente en mi intuición? ¿En cuántas ocasiones vence en
mi interior mi parte más blanda sobre la dura?

La Reina de Copas *aconseja en cuestiones del corazón*
Abra su corazón a una mujer sensible y llena de sentimientos. Escuche
aquello que le dice incluso sin palabras.

La Reina de Copas *predice echando un vistazo al futuro*
En su vida va a aparecer una mujer muy sensible e intuitiva que va a significar algo muy importante para usted.

En el caso de que usted atraviese una crisis, La Reina de Copas *le
aconseja*
Busque el consejo de una terapeuta, de una visionaria o quizá de un hada
del oráculo. Ella le va a mostrar el camino que debe seguir para salir de
esa crisis. Haga caso de aquello que le aconsejan sus sueños.

Si usted hoy no sabe lo que debe hacer, La Reina de Copas *le propone*
Dedique el día de hoy a una persona. Escúchela bien, participe en todo
aquello que le incumbe o esté a su lado aunque sea en silencio. O mire en
su interior y deje que afloren en usted imágenes, visiones o intuiciones.

Con esta afirmación, La Reina de Copas *lo anima*
Yo confío en mis sentimientos y me dejo guiar confiadamente por mi
intuición.

El Rey de Copas

EL REY DE COPAS

Los grandes pensamientos surgen del corazón.

Luc de Clapier
Marqués de Vauvenargues

LA FUERZA DE LOS SENTIMIENTOS

EL REY DE COPAS *pregunta como imagen de meditación*
¿Hasta qué punto son claros e importantes mis sentimientos y soy capaz de exteriorizarlos?

EL REY DE COPAS *aconseja en cuestiones del corazón*
Confíe en un hombre cariñoso y con unos sentimientos muy fuertes. Escuche su consejo o ábrale su corazón.

EL REY DE COPAS *predice echando un vistazo al futuro*
Usted va a conocer a un hombre lleno de fantasías y con unos sentimientos muy sólidos que va a jugar un papel importante en su vida.

En el caso de que usted atraviese una crisis, EL REY DE COPAS *le aconseja*
Necesita a una persona que lo entienda y a la que pueda confiar sus sentimientos. Busque a un «consejero espiritual» de este tipo. Se sentirá más relajado y regresará con nuevas visiones.

Si usted hoy no sabe lo que debe hacer, EL REY DE COPAS *le propone*
Actúe hoy en función a sus tendencias musicales. Pinte, componga versos o toque algún instrumento musical. Si esto no le va, dé un largo paseo a orillas de un río.

Con esta afirmación, EL REY DE COPAS *lo anima*
Con mi fantasía trato de sacarle el mayor partido a mi vida.

El As de Oros

EL AS DE OROS

El ave del paraíso tan solo se posa en la mano
que no la va a atrapar.

John Berry

OPORTUNIDAD VALIOSA

 EL AS DE OROS *pregunta como imagen de meditación*
¿Qué buena oportunidad está a mi alcance?
¿Qué considero yo valioso?

 EL AS DE OROS *aconseja en cuestiones del corazón*
El momento es propicio. Aproveche una buena oportunidad para intentar mejorar algo en su vida sentimental que tenía pendiente.

 EL AS DE OROS *predice echando un vistazo al futuro*
Se le brinda una ocasión verdadera de obtener unos resultados valiosos y duraderos. Sáquele partido.

 *En el caso de que usted atraviese una crisis,* EL AS DE OROS *le aconseja*
Ya ha esperado suficiente tiempo. Ha llegado el momento de que usted pueda aprovechar una buena oportunidad para mejorar su situación actual.

 *Si usted hoy no sabe lo que debe hacer,* EL AS DE OROS *le propone*
Esté atento y no deje escapar una oportunidad que vale la pena. ¿Quizá se haga patente en el momento en el que usted reflexione sobre su situación económica o sobre algo que le confiere seguridad?

 *Con esta afirmación,* EL AS DE OROS *lo anima*
La vida me brinda grandes oportunidades.
Yo hago aquello que veo con claridad sobre mi mano.

El Dos de Oros

En el juego de la vida no resulta tan importante
tener cartas buenas como saber jugar bien
incluso con cartas malas.

H. T. Leslie

FLEXIBILIDAD

El Dos de Oros *pregunta como imagen de meditación*
¿Con qué facilidad soy capaz de adaptarme a los cambios que acontecen en la vida?
¿Hasta qué punto me gusta jugar en la vida?

El Dos de Oros *aconseja en cuestiones del corazón*
No se comprometa definitivamente. Pruebe diferentes opciones y muéstrese flexible.

El Dos de Oros *predice echando un vistazo al futuro*
Usted va a hacer juegos malabares de una forma especialmente hábil. Dejará varias puertas abiertas y tomará sus decisiones un poco al azar.

En el caso de que usted atraviese una crisis, El Dos de Oros *le aconseja*
Intente llevar la situación lo mejor posible. Los altibajos de la vida lo han conducido a esta crisis. Confíe en que la vida también va a ayudarle a salir de esta situación difícil.

Si usted hoy no sabe lo que debe hacer, El Dos de Oros *le propone*
Deje que el día transcurra relajadamente. Juegue con las diferentes posibilidades que se le brindan. Intente hacer hoy juegos malabares.

Con esta afirmación, El Dos de Oros *lo anima*
Me dejo llevar por la corriente de la vida y me adapto a sus altibajos.

El Tres de Oros

Primeramente hay que saber andar con seguridad
sobre el suelo antes de atreverse a hacer funambulismo.

Henri Matisse

PROGRESO

El Tres de Oros *pregunta como imagen de meditación*
¿En qué ámbitos de la vida vivo por debajo de mis posibilidades? ¿En qué situaciones debería poner a prueba mis aptitudes? ¿En qué medida he avanzado en mi camino espiritual?

El Tres de Oros *aconseja en cuestiones del corazón*
Trate de superar una fase que en realidad pertenece al pasado. Sitúe su concepto interno, su amor y su comportamiento externo sobre una base mejor y más madura.

El Tres de Oros *predice echando un vistazo al futuro*
Usted va a seguir adelante, va a demostrar su eficacia, va a superar el examen o ascender.

En el caso de que usted atraviese una crisis, El Tres de Oros *le aconseja*
No dé vueltas en un mismo círculo. Asuma la crisis como una forma de poner a prueba sus conocimientos y su madurez. En el fondo, esta situación difícil le va a ayudar a progresar.

Si usted hoy no sabe lo que debe hacer, El Tres de Oros *le propone*
Demuéstrese a usted mismo y a los demás de lo que es capaz. Póngase a prueba y atrévase a traspasar ese umbral que hasta ahora evitaba.

Con esta afirmación, El Tres de Oros *lo anima*
Pongo mi saber a prueba y voy a ser capaz de superarme.

El Cuatro de Oros

Es cierto que en el puerto los barcos están a salvo,
pero también es cierto que realmente no fueron construidos
para permanecer ahí.

Michael Lille

AFERRARSE A ALGO

El Cuatro de Oros *pregunta como imagen de meditación*
¿Me aferro demasiado a mis pertenencias? ¿En qué momentos actúo de una forma excesivamente prudente?

El Cuatro de Oros *aconseja en cuestiones del corazón*
Vaya sobre seguro. No sea muy posesivo, si no podría terminar ahogando su relación.

El Cuatro de Oros *predice echando un vistazo al futuro*
Le esperan tiempos seguros, aunque no exentos del peligro de resultar a su vez rígidos en el caso de que usted evite excesivamente los riesgos.

En el caso de que usted atraviese una crisis, El Cuatro de Oros *le aconseja*
Intente adoptar una postura segura, pero procure no quedarse estancado, sino avanzar hacia delante paso a paso.

Si usted hoy no sabe lo que debe hacer, El Cuatro de Oros *le propone*
Cuente su dinero. Lea los movimientos de su cuenta de ahorro o estudie sus extractos bancarios. Ordene y aclare su situación económica.

Con esta afirmación, El Cuatro de Oros *lo anima*
Tan solo aquello de lo que soy capaz de prescindir me pertenece realmente.

El Cinco de Oros

La crisis es un estado productivo. Tan solo es necesario separarlo de su connotación catastrófica.

Max Frisch

PERIODO DIFÍCIL

 El Cinco de Oros *pregunta como imagen de meditación*
¿Qué me falta en la vida? ¿Con quién puedo pasar y superar este periodo tan difícil?

 El Cinco de Oros *aconseja en cuestiones del corazón*
En principio es mejor que no albergue demasiadas esperanzas. Cuente más bien con no llegar a «saciarse» y —aunque sea temporalmente— con quedarse un poco corto.

 El Cinco de Oros *predice echando un vistazo al futuro*
¡Cuidado! Va a pisar un suelo inseguro. Sea prudente y cuente de momento con un resultado más bien mediocre.

 *En el caso de que usted atraviese una crisis,* El Cinco de Oros *le aconseja*
No espere una solución rápida y espectacular. Atraviese con cautela pero con perseverancia esta crisis. ¿Quizá encuentre a alguien que quiera ayudarle a superar esta situación negativa? A veces la necesidad une a las personas.

 *Si usted hoy no sabe lo que debe hacer,* El Cinco de Oros *le propone*
Todo el mundo tiene sus horas bajas y sus momentos gloriosos. Hoy le ha tocado vivir un mal día. Por esta razón es preferible que hoy se conforme con lo mínimo.

 *Con esta afirmación,* El Cinco de Oros *lo anima*
Yo reconozco mis carencias.
Supero este periodo duro paso a paso.

El Seis de Oros

No existe un placer mayor que sorprender a otra persona
ofreciéndole más de lo que ella espera.

Charles Baudelaire

GENEROSIDAD

E<small>L</small> S<small>EIS</small> <small>DE</small> O<small>ROS</small> *pregunta como imagen de meditación*
¿Mi generosidad es sincera? ¿Hasta qué punto puedo pedir ayuda?

E<small>L</small> S<small>EIS</small> <small>DE</small> O<small>ROS</small> *aconseja en cuestiones del corazón*
Demuestre que tiene un gran corazón y mime a la persona que tiene más cerca de usted.

E<small>L</small> S<small>EIS</small> <small>DE</small> O<small>ROS</small> *predice echando un vistazo al futuro*
En el futuro puede contar con muestras de generosidad y de apoyo, o tal vez se le brinde la oportunidad de mostrar a los demás su faceta más generosa.

En el caso de que usted atraviese una crisis, E<small>L</small> S<small>EIS</small> <small>DE</small> O<small>ROS</small> *le aconseja*
Deje que los demás le ayuden y tampoco tema pedir ayuda.

Si usted hoy no sabe lo que debe hacer, E<small>L</small> S<small>EIS</small> <small>DE</small> O<small>ROS</small> *le propone*
Piense a quién podría darle una alegría o a quién podría ayudar a salir de un bache con una muestra de generosidad y sorprenda a esa persona.

Con esta afirmación, E<small>L</small> S<small>EIS</small> <small>DE</small> O<small>ROS</small> *lo anima*
Me gusta ayudar y dejo que me ayuden gustosamente.

El Siete de Oros

La hierba no crece más rápido por tirar de ella.

Proverbio africano

PACIENCIA

El Siete de Oros *pregunta como imagen de meditación*
¿Quién o qué necesita mi apoyo afectuoso para madurar? ¿Qué planes se están gestando en mi?

El Siete de Oros *aconseja en cuestiones del corazón*
Dedíquele tiempo al amor y verá cómo este prolifera espléndidamente.

El Siete de Oros *predice echando un vistazo al futuro*
Va a durar algo más de lo que usted pensaba, pero todo va a ir bien si usted no se precipita.

En el caso de que usted atraviese una crisis, El Siete de Oros *le aconseja*
A veces al tiempo también hay que dedicarle su tiempo. Practique su paciencia y observará cómo las buenas soluciones comienzan a madurar.

Si usted hoy no sabe lo que debe hacer, El Siete de Oros *le propone*
Dedique tiempo a sus plantas. Ejercite a través de juegos su paciencia u observe la actitud de la gente en una sala de espera.

Con esta afirmación, El Siete de Oros *lo anima*
Yo sé que el tiempo es el que permite que maduren los buenos frutos.

El Ocho de Oros

Aquel que se niegue a ser discípulo
nunca llegará a ser maestro.

Ettigirb Releht

COMIENZO PROMETEDOR

EL OCHO DE OROS *pregunta como imagen de meditación*
¿Hasta qué punto estoy dispuesto a aprender cosas nuevas?
¿Qué situación requiere que haya que comenzar de nuevo desde el principio?

EL OCHO DE OROS *aconseja en cuestiones del corazón*
Construyan algo en común y hagan planes a largo plazo. En el caso de estar usted solo, ha llegado el momento de iniciar una relación que parece ser prometedora.

EL OCHO DE OROS *predice echando un vistazo al futuro*
Se encuentra ante el inicio de algo nuevo que tiene buenas perspectivas de futuro. Emprenda este camino.

En el caso de que usted atraviese una crisis, EL OCHO DE OROS *le aconseja*
No se sobrestime. Es preferible que comience por hornear panecillos pequeños y así conseguirá paso a paso convertirse en un maestro panadero.

Si usted hoy no sabe lo que debe hacer, EL OCHO DE OROS *le propone*
No haga hoy nada que domine. Intente más bien hacer algo en lo que sea un auténtico profano.

Con esta afirmación, EL OCHO DE OROS *lo anima*
Justo delante de mí comienza un camino francamente muy prometedor.

El Nueve de Oros

Debemos creer en la felicidad. ¿Cómo si no podríamos
entender el éxito de aquellas personas
a las que no apreciamos?

Jean Cocteau

GOLPE DE SUERTE

El Nueve de Oros *pregunta como imagen de meditación*
¿Estoy despierto y preparado para aprovechar las oportunidades que me brinda la vida o dejo que la suerte pase por delante de mi puerta sin darme cuenta?

El Nueve de Oros *aconseja en cuestiones del corazón*
Aproveche la gracia del momento. Ahora puede dar un paso importante y vivir una experiencia feliz.

El Nueve de Oros *predice echando un vistazo al futuro*
Esté atento y aproveche la oportunidad. La suerte está de su lado. Puede jugar a la lotería.

En el caso de que usted atraviese una crisis, El Nueve de Oros *le aconseja*
Usted tiene suerte. El viento sopla a su favor y puede contar con un cambio favorable en su vida.

Si usted hoy no sabe lo que debe hacer, El Nueve de Oros *le propone*
Tiente a la suerte. Dispóngase a hacer algo a lo que hasta ahora no se atrevía o al menos compre un décimo de lotería.

Con esta afirmación, El Nueve de Oros *lo anima*
Yo sé reconocer las buenas oportunidades y sé cómo aprovecharlas. Sé que la suerte está de mi lado.

EL DIEZ DE OROS

Infeliz es aquel que, incluso dominando el mundo entero,
no se siente ricamente bendecido.

Lucio Anneo Séneca

RIQUEZA

 EL DIEZ DE OROS *pregunta como imagen de meditación*
¿Qué significan para mí la seguridad y la riqueza?
¿Me dejo dominar por mis posesiones?

 EL DIEZ DE OROS *aconseja en cuestiones del corazón*
Vaya al encuentro de su pareja y no se deje influenciar por otras cuestiones supuestamente «importantes».

 EL DIEZ DE OROS *predice echando un vistazo al futuro*
Le espera un futuro lleno de estabilidad, seguridad y abundancia.

 *En el caso de que usted atraviese una crisis,* EL DIEZ DE OROS *le aconseja*
Sea consciente de sus numerosas posibilidades. No permita que le depriman pensamientos oscuros o pesimistas.

 *Si usted hoy no sabe lo que debe hacer,* EL DIEZ DE OROS *le propone*
Valore la riqueza que lo rodea y de la que apenas se ha percatado debido al ajetreo de su vida cotidiana. ¿O acaso es hoy el día apropiado para hablar con alguien acerca de su dinero y de su situación económica?

 *Con esta afirmación,* EL DIEZ DE OROS *lo anima*
Abro mis ojos dispuesto a contemplar toda la riqueza que me rodea en mi vida diaria.

La Sota de Oros

La Sota de Oros

De la buena suerte que nos toca nunca pensamos
que haya llegado a nosotros por error; de la mala suerte
siempre pensamos que ha llegado por equivocación.

Hans Krailsheimer

OPORTUNIDAD VALIOSA

 La Sota de Oros *pregunta como imagen de meditación*
¿Hasta qué punto me muestro abierto y agradecido por la riqueza que me brinda la vida?

 La Sota de Oros *aconseja en cuestiones del corazón*
Alégrese, pues se le va a brindar una buena ocasión, una oportunidad verdadera.

 La Sota de Oros *predice echando un vistazo al futuro*
En su camino va a aparecer una buena y valiosa oferta que no debe rechazar de ninguna manera.

 *En el caso de que usted atraviese una crisis,* La Sota de Oros *le aconseja*
Déjese ayudar. Mantenga los ojos bien abiertos. Confíe en una oferta que le van a hacer.

 *Si usted hoy no sabe lo que debe hacer,* La Sota de Oros *le propone*
Sencillamente, siéntese a esperar lo que el futuro le depara. Algo se va a fraguar. Aproveche la oportunidad que se le presente.

 *Con esta afirmación,* La Sota de Oros *lo anima*
Tengo el corazón y los ojos abiertos a oportunidades valiosas que la vida me va a brindar.

El Caballo de Oros

El Caballo de Oros

Haz lo que puedas con aquello de lo que dispones
allá donde estés.

Theodore Roosevelt

CONSTANCIA

El Caballo de Oros pregunta como imagen de meditación
¿Son mis raíces lo suficientemente fuertes en la vida?
¿Estoy bien arraigado a mi tierra?

El Caballo de Oros aconseja en cuestiones del corazón
Tenga cuidado y no juegue con las cuestiones sentimentales. Muéstrese confiado, fiel y perseverante.

El Caballo de Oros predice echando un vistazo al futuro
Usted va a encontrar una base sólida y no va a parar hasta haber alcanzado su meta.

En el caso de que usted atraviese una crisis, El Caballo de Oros le aconseja
Analice su situación actual. Deje de pensar en aquello que desearía y actúe basándose en hechos reales. Encontrará una salida que podrá recorrer con tranquilidad y constancia.

Si usted hoy no sabe lo que debe hacer, El Caballo de Oros le propone
Realice algo manual. Dedique tiempo a la cerámica, cocine, pinte, realice alguna manualidad o haga algo en beneficio de su cuerpo.

Con esta afirmación, El Caballo de Oros lo anima
Piso sobre suelo firme y resisto.

La Reina de Oros

LA REINA DE OROS

La felicidad no consiste en hacer lo que uno quiere,
sino en disfrutar de lo que uno hace.

J. M. Berry

HABILIDAD

LA REINA DE OROS *pregunta como imagen de meditación*
¿Qué se está gestando dentro de mí? ¿Qué es lo que requiere la intervención de mi mano firme y tranquila?

LA REINA DE OROS *aconseja en cuestiones del corazón*
Muéstrese confiado, perseverante y fiel. Deje florecer su naturaleza sensual.

LA REINA DE OROS *predice echando un vistazo al futuro*
En su vida va a aparecer una mujer muy inteligente y autóctona que va a significar algo importante en su vida.

En el caso de que usted atraviese una crisis, LA REINA DE OROS *le aconseja*
Busque el consejo práctico de una mujer sensata y auténtica. Ella le dará seguramente un consejo muy útil y quizá le recomiende tener cuidado.

Si usted hoy no sabe lo que debe hacer, LA REINA DE OROS *le propone*
Haga hoy algo práctico. Ponga ciertas cosas en orden, repare algo, cuide las plantas o dé un largo paseo por el jardín botánico.

Con esta afirmación, LA REINA DE OROS *lo anima*
Yo protejo y cuido con amor aquello que me pertenece.

El Rey de Oros

El Rey de Oros

La tradición no consiste en la veneración de las cenizas,
sino en la transmisión del fuego.

Gustav Mahler

AUTOCTONISMO

EL REY DE OROS *pregunta como imagen de meditación*
¿Hasta qué punto vivo mi vida fiel a la realidad o por el contrario lejos de ella?
¿Con qué intensidad soy capaz de abrirme a los placeres, valores y a las alegrías terrenales?

EL REY DE OROS *aconseja en cuestiones del corazón*
Confíe en un hombre sólido, inteligente y sentimental. Vaya a su encuentro y/o escuche sus consejos.

EL REY DE OROS *predice echando un vistazo al futuro*
Va a conocer a un hombre experto y muy realista que va a jugar un papel importante en su vida.

En el caso de que usted atraviese una crisis, EL REY DE OROS *le aconseja*
Busque a una persona que tenga los dos pies sobre la tierra. Pídale consejo o incluso ayuda. Le va a mostrar cómo seguir adelante paso a paso.

Si usted hoy no sabe lo que debe hacer, EL REY DE OROS *le propone*
Siéntase hoy como si fuera el dueño de todo. Permítase algún lujo que otro. Sea consciente de lo que ha conseguido en la vida, disfrute de ello y haga a los demás partícipes de ello.

Con esta afirmación, EL REY DE OROS *lo anima*
Tengo los dos pies sobre la tierra firme.
Disfruto de la vida con los cinco sentidos.

¿Hasta qué punto es fiable el consejo que nos dan las cartas del Tarot?

«Las cartas no mienten». Esta popular y muy frecuentemente repetida afirmación puede encontrarse al final del poema *La echadora de cartas* de Adelbert von Chamisso. ¿Pero hasta qué punto es cierta esta afirmación? ¿Puede uno confiar ciegamente en el mensaje de las cartas? ¿O acaso no es todo a fin de cuentas puro azar?

Sí, realmente todo es pura casualidad; aunque precisamente una casualidad muy significativa. Y esta es la reflexión con la que debemos familiarizarnos. Muchas personas consideran que el azar es algo insignificante, aleatorio e incluso absurdo, y no entienden cómo se puede tomar tan en serio una constelación tan fortuita, precisamente cuando sabemos que cada vez que volvemos a extraer cartas nuevamente salen cartas diferentes, aun planteando la misma pregunta.

Esto es cierto, pero no demuestra nada, pues el azar se caracteriza precisamente por no poder repetirse nunca de forma sistemática. Demostrar o querer verificar algo repitiendo el mismo experimento y obteniendo el mismo resultado se considera en nuestro mundo racional como un método probado y reconocido. Con el fin de garantizar un desarrollo del experimento sin incidentes, se trata de crear en el laboratorio un ambiente en el que queden excluidos todo tipo de agentes que puedan interferir en nuestro experimento. Mientras que en este caso es el azar el factor que puede provocar el trastorno y que queremos mantener lo más alejado posible, en el mundo de los oráculos es una importante fuente de información. Por esta razón no es aplicable el método de la prueba o experimento. El significado de una tirada de cartas del Tarot radica en la constelación única y casual que refleja la calidad específica del momento. El hecho de que sea irrepetible forma parte de la naturaleza del oráculo y no quiere decir nada. Un caso paralelo lo tenemos en el mundo de los sueños. Para que nos tomemos en serio un sueño y lo podamos interpretar, no es necesario que lo soñemos cinco veces seguidas. De igual manera, resulta importante y decisiva tan solo la primera tirada de cartas para encontrar respuesta a nuestra pregunta. Tiradas posteriores adquieren una importancia inferior o carecen totalmente de ella.

Otra posible explicación la encontramos en la psicología. El hecho de tirar las cartas se puede considerar como un diálogo que establecemos con el subconsciente, el cual nos deletrea a través de un lenguaje de figuras e imágenes muy ricas en símbolos, reflejado en las cartas del Tarot, una respuesta que posteriormente podemos traducir al lenguaje consciente con el fin de poder entenderla.

Por supuesto que, al igual que ocurre en la vida real, el Tarot no siempre nos guía hacia la verdad absolutamente correcta y objetiva. Aunque, por ello, no significa que la respuesta que encontramos en el Tarot sea totalmente arbitraria o absurda. La fiabilidad de las cartas se deja comparar con el consejo de un viejo sabio. Se trata de un consejo que nos gusta escuchar, que hay que tomarse en serio y que hay que saber valorar. Pero vender nuestra propia alma, depender totalmente de él, creer ciegamente en ese consejo y eludir toda responsabilidad propia sería un tremendo error. «El Tarot es un buen sirviente, pero un mal amo.» Este es el pensamiento que ilustra la verdadera utilización del Tarot. Aquel que se sirva del Tarot estará bien aconsejado. Quien se haga esclavo de él y tan solo salga de la casa «si se lo permiten las cartas», seguramente estará cometiendo un gran error.

El Autor

HAJO BANZHAF, nacido el 15-5-1949, es astrólogo y está considerado como una de las mayores autoridades de Tarot en Alemania. Después de cursar estudios de Filosofía y de trabajar durante doce años en el ámbito de la banca, desde el año 1985 trabaja autónomamente como autor de libros, director de seminarios y como astrólogo. Durante muchos años fue el responsable de la edición de la colección de libros «Kailash» en la editorial Heinrich Hugendubel de Múnich y es autor y coautor de 16 libros sobre astrología y Tarot, los cuales han sido traducidos a numerosos idiomas. Entre ellos cabe destacar:
Aprenda a consultar el Tarot, Guía de los Tarots, Las claves de la astrología y el *Tarot y el viaje del héroe*, todos ellos publicados por EDAF.

Encontrará información acerca de seminarios sobre Astrología y Tarot en esta dirección:

Hajo Banzhaf
Mauerkircherstraße 29/IV
81679 München
Fax: 089 / 98 00 86
E-Mail: HajoBanzhaf@t-online.de
Internet: www.tarot.de